個別最適な教室環境をつくる

多様な学びを創り出す「空間」リノベーション

野中陽一・豊田充崇 編著

明治図書

まえがき

> 学校は，教室と廊下それ以外の諸室で構成されているものという固定観念から脱し，「学校施設全体を学びの場」として捉え直す。

> 学校施設も，画一的・固定的な姿から脱し，時代の変化，社会的な課題に対応していく視点（可変性）をもつ。

　これらは，文部科学省が令和4年3月30日に公表した「新しい時代の学びを実現する学校施設の在り方について」最終報告に盛り込まれた文章です。2021年2月15日～2022年3月4日の間に10回開催された「新しい時代の学校施設検討部会」に委員として参加して，報告書作成にも関わりましたが，正直なところ，これらの文章が最後まで残ったことに驚いています。

　私自身，院生時代に，緒川小学校，池田小学校などのオープンスクールの研究発表会に参加し，1990年頃には，オープンスペースを有する小学校に勤務した経験があります。

　一斉授業，一斉学習に批判的だった加藤幸次氏（加藤幸次（1982）『個別化教育入門』教育開発研究所）の個別化個性化教育にも強い影響を受けました。令和の日本型学校教育で加藤幸次氏の主張が個別最適な学びとして蘇ったこと，氏が主張していたオープンスペースによる学習空間の拡張に限界があることの両方がこの文部科学省の検討部会で議論されたことも感慨深いことです。

　また，パソコン通信の時代に，ネットワークに対応していないコンピュータでしたが，子どもたちがいつでもどこでも使えるように校内のオープンスペースに分散配置し，情報活用能力の育成を試みたこともありました。情報技術の進歩とGIGAスクール構想によって，当時は想像もできなかった情報環境が整備され，子どもたち自身が学びを拡張することが可能になったことに時代の変化を感じています。

　しかしながら，多くの学校では校舎や教室はそのままであり，子どもたち

の学びを拡張し，学びを促す空間に変容しているかどうかは疑問です。

　令和の日本型学校教育では，「誰一人取り残さない」ことが強調され，GIGA スクール構想においても「Global and Innovation Gateway for All」の All「すべての児童・生徒に」にその重要性が込められ，個別最適な学びを実現する場としての学校，教室の実現が求められています。

　本書では，学校施設，教室環境を固定的に捉えるのではなく，カリキュラムや授業の変化に合わせて，学習環境として捉え直し，再構成していくことを模索するためのアイデアやその実現のための事例を示すことを意図しています。

　Chapter 1 では，これまでの日本の学校，教室の在り方を振り返りながら，個別最適な学びを実現する環境の在り方を整理しました。

　Chapter 2 では，新築等により，個別最適な学びに対応し，学校全体を学びの場とする，教室の在り方を根本的に見直す，といった先進的な学校環境を整備した事例や学校施設に関わる企業のビジョン，教育委員会や国の取り組み等を紹介しています。

　Chapter 3 では，Chapter 2 の先進事例の考え方を参考にしながら，報告書のB：構造には手を加えず既存施設を生かして空間を再構成するパターンやC：既存施設をそのまま生かすパターンの事例やアイデアを取り上げています。現状の学校施設，教室環境を工夫して，個別最適な学びと協働的な学びの場（空間）を主体的に選択して活用できる現実的な（工事を伴わない）教室環境，学習環境に変える，今できるリノベーションのアイデアです。そして，これまであまり行われてこなかった学習環境，教室環境づくりに関する教員養成，教員研修の在り方についても提言しています。

　ますます困難になるであろうと言われている未来を生きる子どもたちのために，新しい時代の学びを実現する教室環境の在り方を考える材料になれば幸いです。

野中陽一

もくじ

Chapter 1

「個別最適な学び」と日本の教室環境

150年間変わらなかった教室／オープンスペースがもたらしたもの／ICT による教室環境の変化／教室環境と学習観／教室を『教える場』から『学ぶ場』に／個別最適な授業デザインに合わせた学びの環境の再構築

Chapter 2

先進事例に学ぶ
「個別最適な学び」をつくる教室環境

Chapter 3

現場からはじめる
教室環境・学習環境リノベーション

Chapter 1

「個別最適な学び」と
日本の教室環境

150年間変わらなかった教室

　個別学習を基本としていた寺子屋から，一斉授業中心の学校，4間（約7.2m）×5間（約9m）の教室に変わってから150年が経つと言われています。学校は学ぶところであるはずなのに，教室は『教』える部屋であり，授業は教師が『授』けるもの，全員が黒板に向かって前を向き，机を並べて座っている光景は今も当たり前です。

　中央教育審議会答申「「令和の日本型学校教育」の構築を目指して〜全ての子供たちの可能性を引き出す，個別最適な学びと，協働的な学びの実現〜」やGIGAスクール構想を背景に文部科学省に設置された「新しい時代の学校施設検討部会」では，「1人1台端末環境のもと，個別最適な学びと協働的な学びの一体的な充実等に向け，新しい時代の学びを実現する学校施設の在り方」が検討され，2020年3月30日に「新しい時代の学びを実現する学校施設の在り方について」（最終報告，以下報告書）が公表されました。

> 学校は，教室と廊下それ以外の諸室で構成されているものという固定観念から脱し，「学校施設全体を学びの場」として捉え直す。廊下も，階段も，体育館も，校庭も，あらゆる空間が学びの場であり，教育の場，表現する場，心を育む場になる。

> 紙と黒板中心の学びから，1人1台端末を文房具として活用し多様な学びが展開されていくように，学校施設も，画一的・固定的な姿から脱し，時代の変化，社会的な課題に対応していく視点（可変性）をもつ。

　これらの文章からもわかるように，学校施設について，固定観念や画一的・固定的な姿から脱するという強いメッセージが含まれています。
　さらに，以下の文章も見つけることができます。

> ICT の活用などにより，学級単位で一つの空間で一斉に黒板を向いて授業を受けるスタイルだけでなく，学びのスタイルが多様に変容していく可能性が拡大

　日本では当たり前とされてきた学級，教室，黒板，机と椅子の配置の在り方にまで言及し，否定こそしていないものの，変容することを前提に，これまでの均質で画一的な校舎，教室から，柔軟で創造的なものに転換していくことが求められたのです。

　報告書の資料として示された学習空間のイメージ図を見ると，「一斉に黒板を向いて」に対して，教室の前がどの方向なのか不明である「正面のない教室」も提案されています。

▲「新しい時代の学びを実現する学校施設の在り方について」（最終報告）p.46より

　もう１つの大きな方向性は，普通教室の空間の拡大です。１人１台端末の日常的な活用によって，個人机の面積が課題となります。新 JIS 規格の大きな机に置き換え，さらに新型コロナウィルスに対応して最低１ｍの身体的

距離を確保すると，教室の面積を拡大する必要が生じてくるのです。

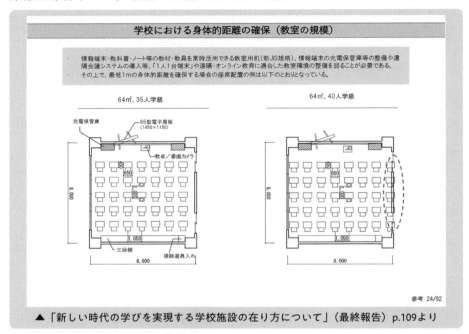

▲「新しい時代の学びを実現する学校施設の在り方について」（最終報告）p.109より

　現在，公立小中学校の普通教室の平均面積は64㎡ですが，35人でも，児童生徒がいる教室を狭いと感じたことがあるでしょう。机の面積が足りないことに加え，教師も児童生徒も教室内を自由に移動することが難しい教室が既に存在しているのです。

　このように，普通教室を拡大することは，物理的にも多様な学びを実現するためにも，必要に迫られている状況にあると考えられます。

オープンスペースがもたらしたもの

　文部科学省の資料によると，明治以降，昭和40年頃までは，学校の建物，教室の確保が最優先されていたようです。同じような規格で，効率よく校舎の建築を進めることが不可欠であったのでしょう。その結果，4間5間の教室＋廊下という同じような構造の学校が多く存在することになったのです。

▲「新しい時代の学びを実現する学校施設の在り方について」（最終報告）p.108より

　学習空間の拡大という観点から見た場合，昭和50年代後半から取り組まれた多目的スペース＝オープンスペースの設置が大きな変革でした。

　報告書（p.8）によると，多目的スペースは，以下のように定義されています。

> 一斉指導による学習以外に，ティームティーチング（複数教員による協力的指導）による学習，個別学習，少人数指導による学習，グループ学習，複数学年による学習等の活動及び児童生徒の学習の成果の発表などに対応するための多目的な空間を指す。オープンスペースとも呼ばれる。

　つまり，多様な学習を展開することを目的とした共有スペースであり，この頃から，一斉授業のための教室だけでは，学びの拡張は難しいと考えられていたのでしょう。本来であれば，オープンスクールの理念を前提として，図のように多様な学習活動を展開する場の構成がイメージされていたのです。

「これからの小・中学校施設　小学校及び中学校施設整備指針の改訂を踏まえて」（文部科学省委託事業　幼稚園，小学校及び中学校施設整備指針改訂に係る事例集検討委員会，2010年6月）

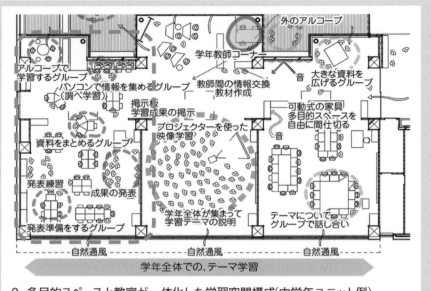

2　多目的スペースと教室が一体化した学習空間構成（中学年ユニット例）

▲流山市立小山小学校の事例（「これからの小・中学校施設　小学校及び中学校施設整備指針の改訂を踏まえて」p.6より）

　1980年代，オープンスクールと呼ばれていた緒川小学校や池田小学校では，積極的にオープンスペースの活用を図り，個別化・個性化の考え方に基づく多様な学びを保証するカリキュラムが開発され，実践されていました。私自身も，20代の頃に，オープンスペースを有する横浜市立本町小学校で勤務し，コンピュータの分散配置を試みた経験がありますが，学級を単位として同一課題に取り組み，同じ時間，同じ教材で，同じ結論に導くという一斉授業の一斉性，画一性を乗り越えられたのは，ほんの一部の授業でしかありませんでした。

　中学校では，教室とオープンスペースを組み合わせて，教科ごとにエリアを作る教科センター方式＝教科教室制が採用されるケースもあり，現在も一部の学校で取り入れられていますが，これも広く普及するには至らなかったようです。

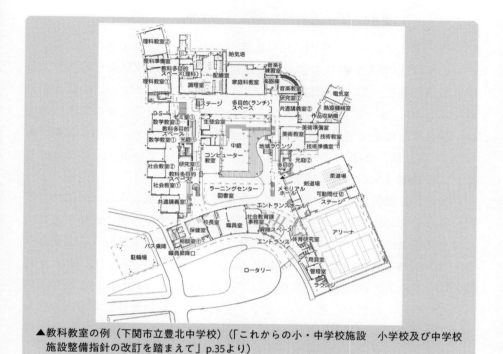

▲教科教室の例（下関市立豊北中学校）（「これからの小・中学校施設　小学校及び中学校施設整備指針の改訂を踏まえて」p.35より）

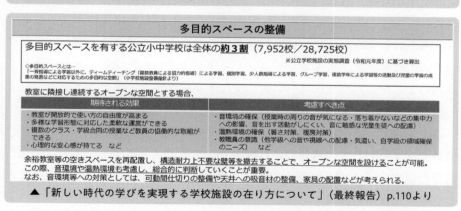

▲「新しい時代の学びを実現する学校施設の在り方について」（最終報告）p.110より

　現在，多目的スペースを有する公立小中学校は全体の約３割とのことですが，参観したいくつかの学校の特に中学校では，オープンだった教室は可動式の間仕切りで閉じられ，一斉授業が展開されているケースが多く見られま

した。

なぜ，オープンスペースの活用は広まらなかったのでしょうか。このことについては，「新しい時代の学校施設検討部会」での学校建築を専門とする伊藤委員の報告（第4回配付資料4-2）が参考になります。この報告の分析によると，「オープンスペース（共有の空間）は，組織全体の変革（例えば，学級横断の集団編成）を前提とする空間であったため，活用に課題があった」「現状は，学級内で集団編成・活動が多様化している」とのことでした。この指摘は，私自身も実感していたことです。

学習活動を学級集団から学級を超えた学習集団へと拡大するためには，学校全体としての取り組みが不可欠です。学校全体を学びの場に転換するためには，学習集団やカリキュラムの編成等，学校全体の変革を行う必要があり，オープンスペースの活用がオープンスクールの理念を前提として行われた初期の頃と異なり，理念とは切り離されて運用されるようになったことが活用されなくなった原因だと考えられます。学級という強固な枠組みがある以上，特に小学校では教師個人が授業変革・試行錯誤しやすい普通教室の空間の構成の工夫から取り組むべきであるという主張は納得できるでしょう。

その後，2000年代初頭から，学習者の能動的な学びの重要性が高等教育でも意識されるようになり，従来の講義用の教室から，アクティブラーニングのための教室，アクティブラーニングスタジオといった空間が大学に設置され始めました。同時期には，学習を支援する図書館というコンセプトで，ラーニングコモンズも設置され始めています（山内 2020）。

小中学校では，学校図書館を読書センターの機能に加えて，学習センター，情報センターとしての機能も兼ね備えた，学習・メディアセンターに拡充し，活用の幅を広げる試みが進められてきました（例えば，『新しい時代に対応した学校図書館の施設・環境づくり─知と心のメディアセンターとして』文部科学省，2001年）。

今回の報告書（p.19-20）では，さらに「読書・学習・情報のセンターとしての機能を十分に果たすことができるよう，学校における図書スペース，図

書館の整備の在り方を捉え直す必要がある」「学校図書館を核とし，コンピュータ教室と組み合わせて，これらのセンターとしての役割を持たせる「ラーニング・コモンズ」を整備していくことも有効であり，ICTを活用することで，調べる，まとめる，発表するなどの

▲「新しい時代の学びを実現する学校施設の在り方について」（最終報告）p.49より

学習活動を効果的・効率的に行えるよう工夫することが可能となる」「どの教室からも利用しやすいよう，図書館を学校の中心に計画し，より一層の活用を図ることで，各教科等における調べ学習での活用や，子供たちの自主的・自発的な学習，協働的な学習を促すことが可能となる」「学校図書館は，教室以外の，子供たちが落ち着ける居場所となり得ることから，日常的に滞在したくなる魅力的な空間として整備していくことも重要である」といった学校図書館の機能をさらに拡張する方向の記述も盛り込まれています。

　多様な学習活動を行う場（空間）として，アクティブラーニング教室や学校図書館を拡張したラーニング・コモンズの整備は進んでいるようですが，ここにも課題があります。高等教育であれば，学生が自由にラーニング・コモンズ等に移動して，主体的に学ぶことが可能となりますが，小中学校では，こうした空間の活用も学級単位が前提になっているように思われるからです。オープンスペースの活用と同様，学校全体を学びの場に転換するという共通認識や学級を超えた学習集団の編成を前提として，児童生徒が特性や学習活動に応じて学ぶ場（空間）を選択して学ぶことを許容しなければ，学級単位での活用という制約の範囲内での活用に留まってしまうことになるでしょう。

「教科指導における ICT 活用と学力・学習状況の関係に関する調査研究」（野中陽一ほか，2009年）

ICT による教室環境の変化

　平成になると，耐震化，バリアフリー化，トイレの改修や空調の整備等が進められることになります。なかでも，普通教室に大きな変化をもたらしたのは，2009年のスクールニューディール政策による，普通教室への大型ディスプレイ，プロジェクタ等の設置等の ICT 環境整備です。これまで，コンピュータは，コンピュータ教室の整備を基本としていましたが，通常の授業でも ICT を活用するという方向性が示されたのです。ただし，この段階では，教師が効果的に ICT を活用することに重点が置かれた情報環境整備であり，ICT 活用の日常化のために，これまでの授業を変えずに ICT を教室に導入するという，言わば一斉授業に合わせた教室環境の ICT 化と言えるものでした。導入初期の頃には，プロジェクタ等の ICT 機器を教師が教室に運び，配線して使うことが多く行われており，そのことが活用の障害となっていたことから，堀田，野中（2008）は，常設が不可欠であることをその実現のための工夫とともに事例で示しました。

　ここで，一つ記憶に残っている事例を紹介しましょう。平成21年度（2009）の文部科学省委託「学力調査を活用した専門的な課題分析に関する調査研究」における「教科指導における ICT 活用と学力・学習状況の関係に関する調査研究」（代表：野中）において参観したある授業でのことです。卒業のスピーチ練習をデジタルカメラで撮影し，声の大きさや話し方をグループや学級全体で振り返る活動を，校舎内の8箇所程度（教室，廊下，

▲E市K小学校の事例　国語の授業で，デジタルカメラでスピーチを録画している場面（「教科指導における ICT 活用と学力・学習状況の関係に関する調査研究」p.71より）

特別教室，空き教室等）にプロジェクタを設置し，8グループに分かれた子どもたちがそれぞれの場所に移動して行われていました。まさに，学校施設全体が学びの場になっていたのです。そして，個別の練習，グループでの練習と振り返り，学級全体での振り返りのすべての活動が1時間の授業時間内でスムーズに行われたことにとても驚いた記憶があります。この時，授業者は，8箇所にプロジェクタやスクリーンを設置する手間の大変さを述べていましたが，こうした学習活動を構想し，そのための環境づくりは，10年以上前でもやろうと思えばできたのです。教室にICT機器を運び，配線して使うことが当たり前だった日本の教師だからこその発想かもしれませんが，既存の校舎でも，こうした取り組みが可能であることの一例です。

　その後の1人1台の学習用端末の整備は，机の大きさや教室の面積等の学習環境への影響のみならず，学習そのものを変容させることになるはずでした。

　日本で，1人1台環境による実証授業を本格的に実施したのは，総務省の「フューチャースクール推進事業」です。2010年度から小学校10校で，2011年度からは中学校8校と特別支援学校2校で，2013年度末まで実施されました。活用の初期の頃に授業を参観した時の衝撃は今でも忘れることができません。1人1台の学習用端末が導入されても，すぐには一斉授業のスタイルは変わらなかったのです。

　今回のGIGAスクール構想では，どうでしょうか。「文房具」として日常的に活用され，空間・時間を超え，教室にいる子どもへの対応に加え，学校外の子どもにも対応し，個別最適な学びと協働的な学びの実現に寄与しているでしょうか。

　家庭での学習に加え，不登校，病気療養児，人口過少地域の児童生徒の学びを保障し，海外の学校や学校外の人材との交流を実現するオンライン教育のための環境が，学校とそれぞれの場所の双方で用意されている必要があります。ICTの活用は，令和の日本型教育の実現に不可欠であり，児童生徒が学校内外で日常的に活用することにより学びの場を拡大し，オンライン環

境を含む個別最適な学び，協働的な学びのための環境の中で，自らの学習を調整しながら学んでいくことに寄与することが求められているからです。

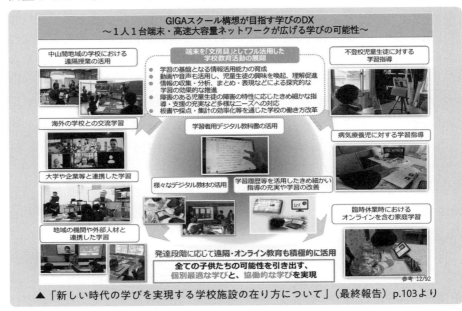

▲ 「新しい時代の学びを実現する学校施設の在り方について」（最終報告）p.103より

　学校内の普通教室という場（空間）だけでは，個の学びのための場（空間）が不足しているように思われます。例えば，非同期で各自が様々な学習リソースにアクセスして学ぶのに，必ずしも教室の自分の机で黒板の方を向いて座って行う必要はありません。クラウドでの協働作業も，実際にグループで集まらなくても可能なケースもあります。ネットワークに接続した学習者用端末とクラウドの活用を前提とした学びは，これまでの教室空間と同じである必要はなく，学校全体を学びのスタイルの多様化に対応できるように変えていくことが求められているのです。

　2006年に，私たちが2015年の教室について議論した時に，議論の中心となったのは，授業の中での多様な学習活動（内容）をどう実現するかでした。そして，動画視聴，遠隔交流，プレゼンテーション，協働編集といった学習活動が，教室内で同時に進行しているイメージを図にしました。今，この図

平成18年度文部科学省委託事業「地域・学校の特色等を活かした ICT 環境活用先進事例に関する調査研究　報告書」（日本教育工学振興会，2007年）

を描き直すのであれば，こうした多様な活動が校内のそれぞれの活動に適した場（空間）で同時に展開されている様子になるでしょう。

▲「地域・学校の特色等を活かした ICT 環境活用先進事例に関する調査研究　報告書」p.70より

教室環境と学習観

　少し横道にそれますが，ここで，2000年から10年以上にわたって，20校以上の学校，教室を参観してきた英国の様子を紹介したいと思います。

　初めて英国の学校を訪問し，授業を参観したのは，2000年の春でした。校舎も教室も，そして授業も想定外のことばかりで，理解するのに相当な時間を要した記憶があります。まず，日本の校舎をイメージして学校を探すのですが見つかりません。校舎は，民家のような佇まいで私には，学校の建物として映らなかったのです。教室は，日本の教室のイメージとは全く異なるものであり，そもそも，教室が同じ形ではなかったり，机もバラバラだったりしている上に，授業の進み方も驚きの連続でした。

　1学級30人の子どもが集まって，教師の説明を聞くという一斉指導の場面は15分くらいで終わり，その後は，子どもたちが様々なスペースでグループ別に学び始めました。数人の子どもたちは，授業とは関係ない活動もしているようでした。個別の取り出しは，欠席した子どもの活動の補償やギフテッドの指導でも行われていることに後で気がつきました。教師は複数いて，あとで確認すると担任教師以外に，アシスタント，教育実習生，保護者ボラン

ティア，SEN（Special Education Needs，特別支援）担当の人たちがグループ別，個別の指導に当たっていることがわかりました。進んでいるグループの子どもたちには，通常，先生はつかず子どもたちだけで課題に取り組んでいました，グループ別（個別）学習中心の授業は，その後も多く参観しました。教室の机の配置もバラバラでしたが，一般的に島型の配置が多かったように思います。教育実習生の授業でも，全く同じでした。つまり，この授業スタイルが一般的だったのです。

　その後，電子黒板が導入されても，この授業スタイルは変わりませんでした。一人だけコンピュータで学ぶ子がいたり，あるグループだけコンピュータを使っていたり，あるグループだけがコンピュータ教室に行って学ぶこともありました。元々，個別，グループ指導が重視されており，これもあとで気がついたのですが，国語や算数の場合にはグループに分かれるときは，習熟度別に編成され，習熟度に応じて，教具やワークシートも異なっていたのです。30人が集まって，意見交換する場合には，少し広い場所に移動して，ラウンドサークルと呼ばれる形式で座って行われることもありました。中等教育は教科教室制が一般的で，授業形態は様々でしたが，教科ごとに教室環境が整備され，多様な授業が展開されていました。学習用端末が導入されても，カートで運ばれた端末を教室内で使う子どももいれば，校内のあちこちに分散配置されたコンピュータで学んでいる子どももいました。よく見ると，端末の種類も異なっていたり，使っているソフトウェアも子どもによって異なっていたりすることもありました。ランチの注文でもさえも，"私はサラダはいらないからチップス（ポテト）だけで"，など，みんな同じではなく，個の配慮のされ方は，日本とは全く異なっているのです。

　日本の一斉授業には，個別学習，グループ学習も含まれていると言われていますが，それらは一斉に行われるものであり，これまで個別化，個性化が謳われながら，なかなか浸透してこなかったことと対照的です。英国では，元々，個別化，個性化の考え方がベースにあり，日本あるいは東アジアでは，一斉に同じペースで学ぶことが前提になっているのでしょう。

▲2000年と2012年の一斉指導場面の様子（英国）

▲一人だけ PC で学んでいる場面，課題が終わった子どもが遊んでいる場面（英国，2000年）

▲分散配置された PC で学んでいる子ども（英国，2012年）

中国の教室

　中国において，教育の情報化は1978年から始まり，2018年の「教育情報化2.0」の公表に伴い新たな段階に入りました。中国の教育の情報化は，教室のICT環境構築にも深く関連しており，教育支援環境を有する校舎を建設すること等が規定されています（胡・野中 2022）。

　中国の「教育部2022年工作要点」では，初等中等教育においてスマート教室の建設を模索し，ネット学習空間の活用を深化させ，教育のモデルと学生の評価方式を改善するなど，教育のデジタル化の転換（DX）を推進することが提案されています。教育のDXにより，中国ではスマート教室等の建設がさらに推進することになるでしょう。

　スマート教室には2つの側面があり，1つは，学生主体の授業を実現し，学生の感情体験と協力探究を重視すること，もう1つはAI技術等によって教師が学習履歴等のビッグデータを活用して授業の個別化と学生の個性化学習を支援することを実現する新しい空間です（姜・傅 2020）。上海の小学校のように学習者中心の理念に基づいた学習活動を想定した教室や先進的なテクノロジーが導入されたAIラボなどが学校に設置されつつあります。

▲ Project-based learning 教室（上海市内の小学校）

　教育の情報化，教育のDXにお

いて，教員の情報リテラシーの向上も重視されています。教員研修の質を高めるために，中国の学校はスマート録画教室を設置し，授業の録画機能，編集機能，カメラの自動追尾，シーン

▲スマート録画教室での公開授業の様子

自動切替，ライブ配信とVOD機能等を備えています。

　この写真はある小学校の公開授業のシーンで，教師が録画教室で授業をし，授業は隣接した教室からガラス越しに参観すると当時に，複数の画面が自動的に切り替わりながら生中継されています。

　スマート教室のように，先進的なテクノロジー導入や，多様な活動が可能な学習環境の構築は行われているものの，現在の中国は一斉授業が中心です。これは自主，探究，協力を特徴とする新しい教育と学習形態に馴染みがないからです（何 2015）。これまでの教育から離れ，新しい教育モデルを生み出し適応し，スマート教室をフルに活用できるにはまだ長い時間が必要と考えられます。

（浙江師範大学教育学院　胡啓慧）

【参考文献】

・胡啓慧，野中陽一（2022）中国における教育の情報化政策の分析. 横浜国立大学教育学部紀要教育科学，5：185-197.
・姜丛雯，傅樹京（2020）我国智慧课堂研究现状述评. 教学与管理，199（06）：1‐4.
・何克抗（2015）智慧教室＋课堂教学结构变革——实现教育信息化宏伟目标的根本途径. 教育研究，36（11）：76-81＋90.

教室を『教える場』から『学ぶ場』に

　報告書では，避難所や防災機能を備えた安全や省エネルギー化，太陽光発電等の環境への配慮に関しても，学校施設の土台として重要な要素であることが示されています。また，施設の複合化や地域社会との共創，健やかな生活空間と一体化した学びの場の創造を目指すことも述べられています。

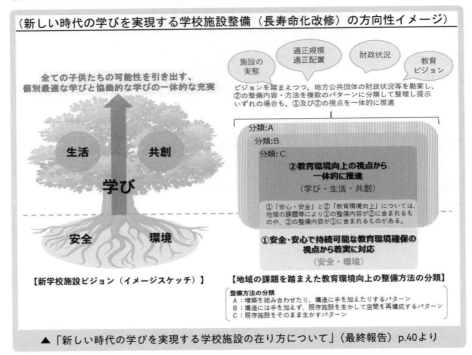

▲「新しい時代の学びを実現する学校施設の在り方について」（最終報告）p.40より

　これらを実現するためには，建替えだけでなく，これまで40〜50年程度と言われていた校舎を70〜80年程度使えるようにする長寿命化改修も検討することが求められています。

　本書では，報告書で示されている学校施設整備（長寿命化改修）の方向性のイメージの①安全・安心で持続可能な教育環境確保の部分は扱わず，②教育環境向上の視点で，学校を『教える場』から『学ぶ場』に変える学校環境

令和2年度文部科学省委託「遠隔教育システムの効果的な活用に関する実証」遠隔教育システム活用ガイドブック　第3版（株式会社内田洋行　教育総合研究所，2021年3月）

の在り方を検討しています。

　すべての学校を新築，あるいは改修して，新しい学びの場を構築できれば理想的ですが，それを待っていたのでは，学習環境の改善は遠い先の話になってしまいます。今後，教育委員会が将来を見通して，長期的なビジョンによる学校の適正配置，学習環境整備を進めていくことはますます重要になるでしょう。地域によっては，少子化による学校再編も大きな課題です。人口過少地域における小規模校での遠隔交流・合同授業を視野に入れた学校・教室環境整備等も不可欠となるでしょう（「遠隔教育システム活用ガイドブック　第3版」2021年3月）。

　既に様々なところで述べられているように，子どもたちが多様化している状況で，画一化した教室で一斉授業を行うことには限界があり，学校は，子どもの特性に応じて，まずは，これまであまり考慮されてこなかった個の学びの場（空間）を用意する必要があるでしょう。自分の机以外にも，例えば，個別学習（ドリル，テスト，調べ学習）や個人思考の場面で，その子に合った学びの場（空間）の選択肢を増やすことを考えたいのです。子ども達が一人で学ぶのに十分な机の大きさ（タブレット＋教科書，資料等）の確保も不可欠です。また，新型コロナウィルスへの対応のために，対面授業の配信，収録を可能にするハイブリッド対応に加え，教室に入れない不登校の子ども達が安心して学べる教室以外の場を用意することも考慮すべきでしょう。

　その上で，個別最適な学びと協働的な学びを一体的に充実させるために，個の学びの場（空間）と協働的な学びの場（空間）を組み合わせた，柔軟に対応できる学習環境を構築することが必要になります。

　児童生徒が自分にとって学びやすい場に移動することを許容し，自らの特徴やどのように学習を進めることが効果的であるかを学びながら，自分に合った学びの場（空間）を選択し，自分の学びを調整していくことも，学ぶ方法を選択できる力，自分にとって学びやすい方法を選べる力として考えていくべきだと思います。既に，企業等ではフリーアドレスの導入が進んでおり，部署の垣根を越えたコミュニケーションの活発化，日常会話からの新たなア

イデアの創出により，知識や情報をもとに付加価値のあるものを生み出すことが求められていることも意識すべきでしょう。

　子どもたちがどこで学んでいるかを教師が把握したり，子どもたちが相互に学習状況を把握したりする必要が生じたら，マグネットの名前のカードを黒板の学習場所に貼るとか（この方法は，1990年代のある研究発表会の授業で実際に見たことがあります。授業開始後，ほとんどの子どもたちは教室からいなくなってしまい，慌てて子どもたちが学んでいる場所に移動した記憶があります），今ならクラウド上のシートに記入しても良いでしょう。防音のための閉じた空間でも，パーティションの配置の工夫やガラス張りにする等，活動の様子が把握できるようにすることも必要かもしれません。

個別最適な授業デザインに合わせた学びの環境の再構築

　日本の教室では，学級内での集団編成の多様化（ペア，グループ，全体），学習活動の多様化（個別学習，グループ別学習，繰り返し学習，学習内容の習熟の程度に応じた学習，児童の興味・関心等に応じた課題学習，補充的な学習や発展的な学習）は確かに行われてきましたが，教師の指示で一斉画一（同じ集団編成，同じ学習活動）に行われることが前提になっていたように思います。そして，子どもが学ぶ場を選択するという発想もあまりなかったように思われるのです。ペア，グループ等での協働的な学びの場（空間）も子どもたちが選べるようにし，可能なら，一人で学ぶか協働して学ぶかも選択できると良いように思います。

　多様な学び（一人で学ぶ，グループで学ぶ，みんなで学ぶ）を同じ時間に，同じ空間の中でも展開できるように授業をデザインすることが望ましいと思いますが，まず，多様な学びの場（空間）を用意して，子どもが自分に合った場を選択できるようにすることから始めるのが良いかもしれません。

　少人数（複式，特別支援等を含む）学級の場合は，既に教室のスペースに余裕があることが想定されるので，多様な学びのための場をあらかじめ設定できると良いでしょう。特別教室等を講義用のスペースと実習用のスペース

に分け，一体化して１つの空間にすることも１つの方法でしょう。

　私見ですが，日本では教室の机を動かしてグループを作ることが多いように思います。しかし，この机を動かすという行動を授業で見たことがあるのは韓国だけで，日本独自，あるいは，東アジアの授業文化なのではないかと私は捉えています。学習活動に合わせて机を動かす場合，教師が指示し一斉になりやすいことから，この方式から脱却し，多様な学びに対応する家具が配置された場（空間）に子どもたち自身が動くようになることが重要だと考えます。その時々に家具を動かして場（空間）を作るのではなく，常に，想定される学習場面，学習活動に対応した家具を配置しておき，子どもが学ぶ場を選択できるように空き教室，特別教室，オープンスペース等の活用を工夫するのです。例えば，教室の近隣の空き教室に一人で学ぶ場（空間）や協働的な学びの場（空間）を作っておく，特別教室は，空いている時間を活用できるようにして，固定されている家具（大きな机等）に合った学習活動の場として機能させる，もちろん，一人で大きな机を使いたい場合も許容する，オープンスペースを活用する場合は，共有のオープンスペースを活用するという発想ではなく，普通教室の空間を拡大することを意図し，教室間に可動家具や間仕切り等を設置する，可能であれば，家具も配置しておく。こうした多様な学習を可能とする，あるいは誘発する家具を含めた空間をデザインすることが重要だと思うのです。

　そうなると，特別教室を教科の内容・学習活動に特化した場から，多様な学習活動に対応できる場へと変容させることも考えることになるでしょう。コンピュータ教室も，一斉に同じ活動をする場ではなく，「個別の端末では性能的に実現が困難な学習活動を効果的に行うことができる空間として捉え直した上で，個人やグループで活用できる先端機器を導入するとともに，グループによるアクティブラーニングを可能とするスペースを整備したり，発表やオンラインによる遠隔交流学習の場としたりするなど，他の学習空間との有機的な連携・分担を図りながら自由度の高い空間」にし，ラボのような機能を持たせることが望ましいと思います。（参考：「GIGA スクール構想に

「GIGA スクール構想に基づく 1 人 1 台端末環境下でのコンピュータ教室の在り方について」（文部科学省通知，2022年12月19日）

基づく 1 人 1 台端末環境下でのコンピュータ教室の在り方について」文部科学省通知，2022年12月19日）

　アクティブラーニング教室，学校図書館のメディアセンター化も，個別学習にもグループ学習にも対応できるように配慮することが望ましいでしょう。

　最後に，「令和の日本型学校教育」を担う教師の養成・採用・研修等の在り方について〜「新たな教師の学びの姿」の実現と，多様な専門性を有する質の高い教職員集団の形成〜（答申）（中教審第240号）で示されている，「子供たちの学び（授業観・学習観）とともに教師自身の学び（研修観）を転換し，「新たな教師の学びの姿」（個別最適な学び，協働的な学びの充実を通じた，「主体的・対話的で深い学び」）を実現」するためには，子どもたち一人ひとりにあった学びやすい学習環境の構築が不可欠であると同時に，教師一人ひとりの個別最適な学びを促進する場としても機能する環境整備が求められているのだと思います。

　学校は，長い期間使い続けることが前提になるので，長期的なビジョンによって環境構成を吟味することが求められますが，学校教育を取り巻く環境の変化に応じて，学びの環境を再構築し続けることも今後は必要なのだと考えます。

【参考文献】
・山内祐平（2020）『学習環境のイノベーション』，東京大学出版会
・堀田龍也・野中陽一編著（2008）『わかる・できる授業のための教室の ICT 環境』，三省堂

Chapter 2

先進事例に学ぶ
「個別最適な学び」を
つくる教室環境

「関係性」を育む教室

── 学校法人茂来学園大日向小学校

事例の特徴・コンセプト

　大日向小学校の教室は，「関係性」を学ぶ場であると言えます。ほかの誰かとの関係，世の中やそこで起きていることの関係，自分自身との関係を学ぶ場です。

　教室のあり方を考えるときも，大人から子どもへの情報伝達の場として適しているかどうかは相対的に重視されなくなり，学び手である子どもと大人が，先に述べたような関係性を築いていく場としての視点が重視されるようになります。

　また，教室環境も「与えられるもの」ではなく「自分も一緒に作るもの」としてとらえ，教室で学ぶ誰もが設計者の視点を持ち，どのような場づくりをするかについて合意形成していくことを大切にしています。

教室づくりのコンセプト

　大日向小学校は，「誰もが，豊かに，そして幸せに生きることのできる世界をつくる。」という建学の精神のもと，2019年に開校した私立の小学校（一条校）で，建学の精神と共にイエナプランの考え方をもとに学校内の活動が営まれています。

　ファミリーグループと呼ばれるクラスは，現在は，1年生から3年生，4年生から6年生の異年齢の子どもたちで構成されています。つまり，1つの教室の中に，3つの異なる学年の子どもたちがいて，一緒に学んでいます。
※2022年度は1学年約10数人ずつ，1クラス約30名でクラスが構成されてい

ます。

大日向小学校には，現在
6つのファミリーグループ
（クラス）があり，教室の
使い方はそれぞれ異なりま
すが，概ね次の点は共通し
ています。

まず，教室内に，一人一
人の個別の席とサークル対
話などの際に使うベンチが

▲教室のレイアウト

あり，学習の際に使える場所が，少なくとも2箇所あります。また，これら
のほかに，小さなサークルスペースがあったり，センターテーブルがあった
り，必ず個人のスペースと共用スペースの両方が設けられています。

イエナプランスクールにおける教室は，いわばリビングルームとして設計
されていると言われますが，大日向小学校の教室は，シェアハウスのリビン
グルームのような機能をもっていると言った方がより実態を言い表している
と思います。子どもたちにとっては自分の居場所としてそれぞれ心地よく過
ごすことが，また帰ってくることができる場所であり，同時に，複数の人が
お互いに過ごしやすくするための工夫が求められる場所でもあります。

動きのある教室

大日向小学校の教室には，クラスの友達（上級生や下級生が一緒にいる）
がいて，グループリーダーがいて，学習の時間には，さまざまな人同士の組
み合わせで，何らかのやりとりが常に生まれます。

また，教室の一角には，今の学びに関連する本などの教材や日常使う文具
などのツールが置かれ，だれでもいつでも使えるようになっています。先に
述べたように，自分の席の他にサークルベンチなどの共用スペースがあります。

その中で，子どもたちは，必要な教材は自分で取りに行くし，ペアやグループで学習を進めるときは，その相手のところに行ったり，どこかに集まったりします。つまり，いつ，だれと，どこで，何をつかって学ぶかなどを「選択」しながら学んでいるため，教室の中に

▲動きのある教室

は自然と動きが生まれます。これは，必要なときに必要な動きができる環境を作っているという意味で，これも，社会の中で多くの仕事において動きが制約されることがないのと同様です。

　学習活動を進める上で，動きが制限されないというのは，とても自然なことです。一定時間，同じ姿勢を強いられるというのはもちろんのこと，同じ席から動いてはならないというのは，必要の無い負荷が子どもたちにはかかっており，それが守られない場合には注意され，ときには叱られるという環境は，決して学びやすい環境とは言えません。じっとしていることを強いられることがない，好きな姿勢でいられるというのは，そこに心理的，身体的コストがかからないということでもあり，実は非常に合理的なことです。

拡張された「教室観」

　大日向小学校の教室と廊下の仕切りは，大きなガラス窓になっています。教室から廊下の様子がよく見えるし，廊下からも教室の様子がよく見える構造です。これは，教室と廊下が完全に区切られた別の場所ではなく，廊下の部分も教室の拡張エリアであるという考えに基づいています。

　また，教室環境というと，1つの教室内の環境として捉えてしまいがちですが，「個別最適な学び」の視点からは，一教室の範囲にとどまらず，さらに

に広く「学ぶ環境」として
考える方が実態に合ったも
のになると思います。

　大日向小学校の子どもた
ちは，実に様々な場所を活
用して学んでいます。そし
て，たいていの場合，どうし
てその場所（環境）を選択
したのかの理由があります。

　たとえば，複数人で音読

▲グループでの音読に屋外で取り組む様子

をしたいというときに，ちょっと今は教室で静かに学んでいる人が多くて，
その邪魔をしてしまうなあと思って，教室前の小上がりのスペースを使うと
いうこともあります。また，逆に教室のほかの人の声が気になるので，静か
に集中できるように図書館に行くということもあります。

　広いスペースが使いたいから廊下を使う，実物を見たいから校庭に行く，
教科の専門の先生のアドバイスがほしいから中学校（併設の中学校が隣の棟
にある）行ってくるなどなど，様々なケースで教室の外が「広義の『教室』」
になります。

音環境という視点

　聴覚刺激は，視覚刺激に比べると，自分でコントロールしづらい刺激です。
日常生活においても，意図的に聞くことよりも，「聞こえる」「聞こえてく
る」ことの方が多いと言えます。

　大日向小学校では，校舎内でスピーカーから流れる全館放送を日常的には
使いません。使うのは，非常時や非常時のための訓練時に限られます。これ
は，大きな音の刺激によって，何らかの作業が中断されることを避けるため
です。特に集中を求められる作業をしていないときでも，突然放送が流れる
ことは大きなノイズとなるからです。教室の中で「大きな声を出さない」と

いうことが，子どもも大人も守る約束として合意されているのも同じ理由です。

　また，聴覚刺激に敏感な子どももいます。教室の中の音が騒がしく感じられたり，自分の集中を妨げるように感じられたりするときに，自分でそれを調整できることも，環境整備の一つです。たとえば，各クラスにはノイズを遮断するためのイヤーマフがいくつか置かれており，子どもたちは，必要に応じてそれを使います。また，静かな環境を求めて，廊下のスペースや図書館など，教室外のスペースを使うこともあります。

　逆に，自分がノイズになるかも知れないときにそれを回避する調整をすることもあります。この教室の中で「静かを作る」という意識はとても大切です。動きのある教室では，自分の動きや音が他者のノイズになる可能性があることを理解し，どのような振る舞いをすれば，お互いに学びやすい環境になるのかを学んでいきます。

人と人との関係性をつくる教室

　個別に学ぶ，一人一人のペースで学ぶ，と書くと，子どもたちが，一人で自分の課題に取り組んでいる姿を思い浮かべるかも知れません。そのような学びの時間も無いわけではありません。午前中に教室に入ると，まさに誰も声を出すことなく，静かに学びを進めている場面に出会うこともあります。

　しかし，個別の学びを進める際に欠かせない大きな要素が「友達との関わり」です。

　教室内での友達との関わりの中には，日常的に見られる，小さなやりとりがたくさんあります。消しゴムを借りる，書けない字を教

▲友達との関わりが生まれる環境

えてもらう，道具の使い方を教えてもらう，一人で出来ない作業を手伝ってもらうといったことが，それに該当します。

　これらの中の，「一人では出来ない作業」を，グループリーダーが課題の中に意図的に組み入れていることがよくあります。一例を挙げると，

・音読を友達に聞いてもらう
・トランプなどのカードゲームをする
・自分の書いた作品を誰かに読んでもらう
・インタビューをしたりアンケートをとったりする

といった活動です。

　実は，「一人では出来ない作業」は数多くあり，むしろ「一人で完結する作業」の方が少ないのです。

　このように，個別最適な学びには，「人との関わり」は欠かせない大切な要素だと言えます。「教室の中に誰か話せる人がいる」というのはとても大切な環境なのです。

学び手自身が作る学びの環境

　大日向小学校に見学にいらっしゃった方の多くが，「のびのびと自由に過ごしていますね」という感想を述べられます。この「のびのび」は，おそらくは，先に述べた余計な負荷のない合理的で自然な子どもの姿を見て感じたことなのだと推測できます。

　そして，「自由に」は，学び手である子どもたち自身も，その環境を作る当事者であるということを示すものだと考えています。

　大人が環境を整えれば自ずと個別最適な学びが実現するのではなく，子どもたち自身が，自分も環境の構成者であり，環境に影響を与えることが出来，自分や自分たちの意図に基づいて環境を改変しうる立場にあるという自覚を持てるようになるための働きかけを継続することが大切だと考えます。

子どもの主体的・創造的な学びを創る
学習環境デザイン

—— 瀬戸 SOLAN 小学校

事例の特徴・コンセプト

　本校は，2021年4月に開校した私立の小学校です。グローバルシチズンシップの育成を建学の精神とし，子どもの主体的・創造的な学びを創る学習環境デザインを重視し，日々教育活動に取り組んでいます。本校の特徴としては，探究的な学びを重視し，学習指導要領の分析から「習得—活用—探究」の3つのレイヤーで学習を捉え直し，それぞれの学びの質，時間及び学ぶ空間が連動した教育活動を展開していることです。1階のラーニングコモンズでは教科横断のプロジェクト学習や個人探究の学習，2階から4階の壁のないオープンな作りの教室では主に教科の習得や活用の学習が実践されています。学習内容や活動だけでなく学ぶ空間も含めて設計することで，子どもは生き生きと学んでいます。

事例1　個人探究学習を支える学習環境

①自分の学びを創る

　本校の探究学習は，「子ども自身の興味・関心に応じた問題解決を通して，これからの社会に必要な資質・能力の育成」を目指しています。「みつける」

動物の殺処分を減らすために私たちは何ができるのか	水素のコストをどう下げていく？
YouTubeを始めるために必要なこととは	世界で主食として何が食べられているのか
雷をどうしたら活用できるのか	水泳の大会や練習でどうしたら自己ベストを出せるのか
ロボットはどのようにして人間を助けられるのか	お金はなぜできたのか
神様は何のためにいるのか	宇宙ゴミはなぜあり，どのようになくせるのか
人間の性格はどのように決まるのか	キタシロサイのオスを復活させるには
地球温暖化がサンマの水揚げ量に与える影響とは	ガブリエル・ボヌーン・シャネルのデザインが
どうしたら災害の被害を最小限にできるか	世の中に与えた影響とは
新しいボードゲームを作ろう	みんなに注目される選手になるためには
人が目標を作るには，どうすればよいか	どのようなメイクをすれば良いのか
日本の踊りの歴史について	どうすれば環境に悪いものをリサイクルして
地球温暖化を食い止めるには何ができるのか	環境に良いものに作ることができるのか
目標を達成する為にはどのようなチームワークが必要	海の生き物が少しでも死なないために，
重機の種類と使われている現場とは	自分達にできることは何か
どうしたら少しでもゴミを減らせるのか	どうしたらSOLANのみんなが
人間も動物も住みやすい地球にする為に私にできる事とは	トレーディングカードゲームをやってくれるのか
家を環境に良くするにはどうしたらいいか	

▲表1　子どものテーマ一覧例

―「しらべる」―「まとめる」―「つたえる」の探究サイクルを繰り返す中で，「未知の状況にも対応できる思考力，判断力，表現力等」，そして「学びを人生や社会に生かそうとする学びに向かう力，人間性等」の資質・能力を育成しています。1年生から取り組み，一人一課題のテーマを設定し，探究活動に取り組みます。

　個々の探究活動を支援する場としてラーニングコモンズは最高の環境です。（図1）ラーニング・セントラルは，中央の広い空間で，それぞれ特徴をもった4つの部屋が隣接しています。図書資料を探したい子どもは図書館機能を備えたアレキサンドリアへ，じっくりと考えたい子どもは熟考するための円形のソファーやヨギボーが配置されているソクラテス・ラボへ，物作りや広いスペースを使って作業をしたい子どもは，大きな机が配置されているダヴィンチ・ラボへ，調理などの活動をしたい子どもはコルドン・ブルーへと，個々の探究活動の内容に沿った場を子ども自らが選択し活動しています。ラーニング・セントラルは，全体ミーティングや教師や保護者サポーターと話し合いをする場合に使用しています。また，思考ツールやミニホワイトボードなどの道具も随所に配置しています。

　このように，多様な機能の空間や学びの道具が配置されていることが，子どもの主体性・創造性を育む要件になると考えています。

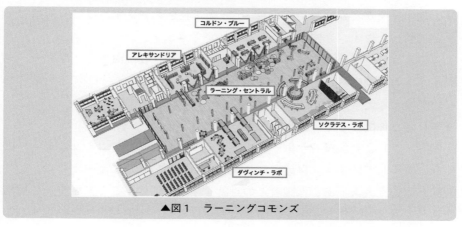

▲図1　ラーニングコモンズ

②図書の分散配置に対応した「ほんパス」アプリ

　本校のラーニングコモンズには，いたるところに本棚やブックトラックが配置され，プロジェクトや探究学習の内容に応じてフレキシブルに配架を変更することを想定してデザインされています。本を借りる時は自分の iPad のアプリ「ほんパス」（**図2**）で貸出申請を行なって，本を借ります。

　「ほんパス」は，児童が迷うことなく使用できるように「さがす」・「かりる」・「かえす」の3つの機能に限定されています。「さがす」ボタンをタップすることで「OPAC」が起動します。「かりる」をタップすることでカメラが起動し，バーコードを読み取ることで貸出完了となります。

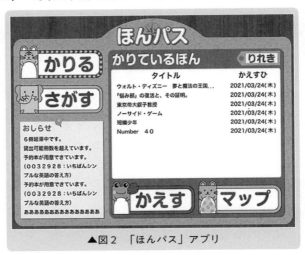

▲図2　「ほんパス」アプリ

リストから本をタップし，「かえす」をタップすることで返却完了となります。返す場所がわからない場合は，「マップ」をタップすることで配架マップが起動し，返すべき棚を確認することができます。

　このように，「ほんパス」で自ら貸し借りができる自由さや，探究やプロジェクトの活動内容と連動した本の分散配置は，子どもにとって本を借りやすい環境と考えられます。

③学び合う仲間としての保護者サポーター

　2022年1月より保護者サポーター制度を導入し，学びのコミュニティの広がりに着手しています。保護者にサポートをお願いするに至った背景として，教師とは違う大人である保護者との対話を学びに活かすこと，児童との対話を通して保護者に探究学習を理解してもらうこと，マンパワーを強化するこ

▲写真1　保護者サポーターと対話

▲写真2　支援に対するミーティング

との3つがあります。週に2コマの探究学習の授業の前に打ち合わせを実施し，授業後リフレクションに取り組んでいます。個人探究は，自分で学びを創る学習です。個々にテーマを設定し活動しますが，時には，どのように活動を進めていけばいいか悩むことも多いです。その時，教師や保護者など学習支援者の存在は，子どもにとって心理的安全を保証します。

事例2　子どもの成長をみとる学習環境

　本校は，カリキュラム（図3）に対応した独自で開発した e-Portfolio システム（以下，「まなポート」）を使って学習状況を子ども，保護者と共有し

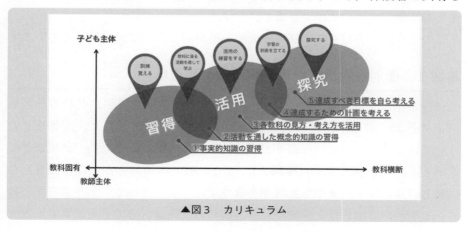
▲図3　カリキュラム

ています。これには4つの機能があります。家庭と教師のコミュニケーションツールである「アクティビティ機能」，各教科の観点別・内容構成別の評価を月毎に確認できる「教科学習機能」，プロジェクト学習の学習活動・成果物・評価・振り返りを蓄積する「プロジェクト学習機能」，探究学習の学習活動・成果物評価・振り返りを蓄積する「SOLAN学習（探究学習）機能」です（図4）。

習得─活用─探究の3つの学びの相互作用を目指した授業作りに取り組んでいる本校にとって，重要なツールです。

特に探究学習では，子ども自身がルーブリックを設定し，活

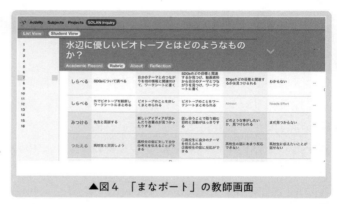

▲図4　「まなポート」の教師画面

動を展開します。活動後，子どもの学習記録，自己評価及び振り返りの記述をみて，教師は評価しコメントします。保護者は，本画面だけでなく，子どもと全く同じ画面を閲覧し，日々どのような探究活動をしているのかリアルタイムに確認することができます。

このように，子どもの学びを多面的・多角的にみて成長をとらえています。

事例3　個別最適な学びを支援する学習環境

習得の学習で取り組む15分のモジュール学習では，課題が終わると各自iPadの国語，算数，漢字の読みのアプリを使って学習したり，読書をしたりしています。教室には，廊下との仕切りをする壁がないため，部屋がとても明るく広々と感じます（写真3）。また，教室内のヨギボーは子どもたちの癒しの道具です。集中して課題を取り組んだ後，ゆっくりと読書を楽しんでいます。やるべきことをやったら，残りの時間は自分で考えて学習に取り

組みます。個々の学習ペースを重視し個別最適な学びを支援する学習環境です。

　また，教室には3面の大きなホワイトボードがあります。授業である課題について話し合っていると，子どもは言葉では伝わらないと判断すると，ホワイトボードに図や文字を書きながら説明を始めます。教室空間が壁のないオープンな空間であり，教室および廊

▲写真4　考えを書きこむ子ども

下が一体となっているが故に，どこでも自分たちで学び合える場を選択できます。このような空間自体が，子どもの心理的安全を保証し，子どもの主体的・創造的な学びを生み出していると考えています。

　以上のように，瀬戸SOLAN小学校では，学習環境のデザインを重視した実践に取り組んでいます。それは，学校現場が，社会的な状況の変化に対応するために，与えられた知識をただ「記憶」するのではなく学習者が主体的に知識を「創出」する学習のあり方を強く求められていると考えているからです。子どもの主体的・創造的な学びを創るためには教師がデザイナー的立場に立ち，学習環境をデザインすることが喫緊の課題であると考えます。

ICT をフル活用する学びに
対応した教室環境

—— 立命館小学校

事例の特徴・コンセプト

　本校は2006年に開校した京都の私立の小学校です。開校当初から先進的な学びを展開するために必要な環境を整えながら，今日に至っています。また，Microsoft Showcase School に認定されていることから，教師は ICT を活用した授業を展開し，児童が ICT スキルを身につけることも学校の大きな特色の１つです。

　以下に紹介している教室環境は，本校の中でも ICT を活用する上で効果的となっている主な空間です。具体的には，広い空間の確保・機器の整備・演出を含めたプレゼンテーションを行うことができる空間などです。「どの場所でも ICT を効果的に活用できる」ことが ICT 教育を進める上では必要不可欠だと考えています。

事例１　広い空間を確保できる各学級の教室

①オープンスペース

　本校の中で「オープンスペース」と呼んでいる場所は，机のある教室空間と繋がった多目的な学びが可能な空間です。空間の広さは，机のある空間とほぼ同じくらいとなっています。つまり，普通の教室の約２倍の空間が全学年・全学級の教室として配置されているのです。一斉授業の中では，児童は自分の机で iPad や Surface を使用しながら学習に取り組んでいますが，グループ学習をする際には，オープンスペースに移動することで，各グループで一定のスペースを確保することができ，話し合いも窮屈にならず，円滑に

進めることができます。

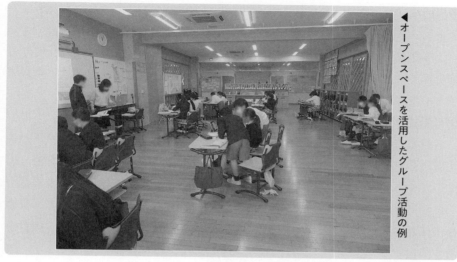

◀オープンスペースを活用したグループ活動の例

　また，iPad や Surface を使って協働学習をする際には机をなくす方が話しやすい場合も多いため，この空間は様々な場合に活用することができています。必要に応じて，隣の教室との仕切りを取り払うこともでき，学年で一斉に移動しながら学習を行うことも可能です。

▲オープンスペースの仕切りをなくし，空間を広げることもできる

さらに，移動式の大きなモニターを置くことによって，子どもたちが発表する場所を作り出すこともできます。机のある方の空間で１グループが発表し，オープンスペースでもう１グループが発表するといった形式も実現可能です。

　１学年に４つの教室が横並びになっており，オープンスペースの仕切りの扉を開くことによって，さらに広い空間にすることも出来ます。学年全体で子どもたちが移動しながら発表をすることも可能となります。

②可動式プロジェクターと電子教卓の活用

　各教室には，前方のホワイトボードの上に，可動式のプロジェクターが備え付けられています。これによって，１枚のホワイトボードに教材を映し出すことや，デジタルホワイトボードとして，映し出した資料に直接書き込むことができます。また，映し出す位置を移動させることが出来るため，板書の一部として活用することも可能です。デジタルホワイトボードは，板書を消す際にボタン１つで一気に削除ができるので，時間短縮にもなります。また教室にある電子教卓は，PCと実物投影機が一体となっているものです。電源に繋いでおけば，移動させることが可能です。これにより，必要に応じて前に置いたり横に置いたりするなど，置く場所を変えることもできるため，教室内のスペースを効果的に活用することができます。

▲電子教卓からホワイトボードに投影　　▲PCと実物投影機が一体となった電子教卓

事例2　プレゼンテーション発表ができるシアター

次に，本校にはICT活用において欠かせない場所である「アクトシアター」と呼ばれる場所があります。この場所は，ICT活用の他にも，各学年の学びを保護者に向けて発表する時や鑑賞会などにも使用しています。

ICT活用において，特にプレゼンテーションする際に大変有効活用できます。最終的にアウトプットをする場を設けることが多い中，実際のホールのような場所でそれをさせることで，子ども

◀様々な発表の場として活用されているアクトシアター

◀アクトシアター内では，音響照明設備も整っている

たちのモチベーションも高まります。そのため，プレゼンテーションの発表にはもってこいの場となるのです。まさに，TEDのような発表をすることも可能だというわけです。音響や照明の設備も備え付けられているため，ICTを活用した学習発表会や劇など表現活動を組み合わせた発表をするための環境も整っています。

プレゼンテーションの場においても，小グループでの発表や学級内での発表などの場合は教室のオープンスペースを使用し，学年全体での発表の場合にはアクトシアターを使用するなど，場に応じた使い分けをすることが出来ます。

事例3　特別教室の環境

①コミュニケーションルーム

▲3か所に大きなホワイトボードがあるコミュニケーションルーム

部屋の窓側以外の3か所にホワイトボードがある部屋がコミュニケーションルームです。写真にあるように，前方と後方のホワイトボードの前に，机と椅子を置くことによって，

◀ホワイトボードに映し出しながら話し合いをしている場面

グループごとに画面を映し出しながら，話し合いができます。ペンで書き込むこともできるため，それぞれの考えを可視化することでより活発な話し合い活動も見込めます。

②博士の部屋

▲ペアで活動できるように
PC が置かれている

▲部屋の真ん中にブロックを動かす
ためのスペースがある

　この部屋では，本校の特色の1つであるロボティクス科の授業が行われています。全体に見える大きなモニターはもちろん，ブロックが動くようにプログラミングする活動を行うための PC が置かれていたり，部屋の真ん中には，ブロックを動かすスペースが設けられたりしています。ロボティクス科の授業は，子どもたちの意欲も高いです。その授業専用の教室があることによって，ちょっとした特別感のような感覚が生まれるのだと思います。実際に，「今日は博士の部屋で授業だよ」と聞いた子どもたちから，喜びの声が上がってくるのも耳にします。それだけ普通教室とは異なる場所で受ける授業への期待感が高いということが表れています。

　ここまで紹介してきたように，本校では ICT を活用する上で，使用用途に応じて場所を変えることができるように環境を整えています。学校という場は，基本的に普通教室で多くの時間を過ごすことになるでしょう。こうした中での ICT 活用に向けた環境作りには，限られた空間の中であっても，その中に余白を生み出すことが大切だと思います。すでに使用している教室であったとしても，そこに自由な空間を少しでも作り出すことで，話し合いに限らず様々な活動を行うことができるはずだと考えます。

04

学びや交流が生まれる
「仕掛け」のある校舎

—— ドルトン東京学園中等部・高等部

事例の特徴・コンセプト

　本校は，学習者中心の教育法「ドルトンプラン」を日本で初めて実践する中高一貫校として2019年4月に開校しました。教師主導による知識を詰め込む教育ではなく，子どもたちの内から湧き出る意欲を原点に，一人ひとりの知的な興味や旺盛な探究心を育て，他者とともに自らの意志で学んでいく力を身につけることをめざしています。

　それを実現する校舎は，生徒が自分の好きな場所を選び「学びの設計・探究・発表」のサイクルを繰り返すことができるよう，多様な空間が随所に配置されています（シームレスネットワーク）。仲間や教職員との活発なコミュニケーションを通して，生徒1人1台のBYOD端末の利用を前提とした「対話的で深い学び」が可能になっています。

事例1　コミュニケーションを誘発させるシームレスネットワーク

①シームレスネットワークプラン

　ドルトンプランでは，学校を「人とともに生きることを学ぶコミュニティー」として捉え，多様な価値観に触れることのできる，実社会と結びついた学びの場として位置づけています。その理念にICTが融合すると，学習は場所

▲教室棟の核となるラーニングコモンズと大階段

を限定しないシームレスなものになっていきます。そのため，教室だけが学習の場ではなく，校舎のあらゆる空間を学びの場として利用できるよう工夫されています。

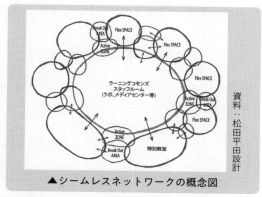

▲シームレスネットワークの概念図

資料：松田平田設計

メインの教室棟は，地上3階建ての建物外周部に28室の一般教室と4室の特別教室を設け，それらが囲む中央部にラーニングコモンズやスタッフルームなどが配置されています。

それぞれの「空間」は，比較的大きなラーニングコモンズから2〜3人で集まるのにちょうどいい小さな場所まで，境界を曖昧にしながらつながっています。各教室と廊下の間にはアクティブスペースが設けられ，それらが同心円状かつ緩やかに連続することで，シームレスネットワークプランを実現しています。

②多様な学習空間からのチョイス（教室棟）

教室棟の各教室は，1学級25人を基本とする2教室1ユニットとして設計され，2つの教室はアクティブスペースと屋外テラスを挟んで向かい合っています。多様な授業形態・レイアウトに対応できるよう，単純な方形ではなく凸型の教室とし，L字形の壁面を大きく使ったホワイトボードを設置しています。

ラーニングコモンズを構成する3層吹き抜けの空間は，教室からのカスケード空調とハイサイドライトによる北面採光を採用し，屋外の環境が身近に伝わる快適な空間になっています。

どこにいても豊かな自然環境が感じられる校舎で，生徒は好きな場所を選び，それぞれの空間で違う景色や明るさ，温度，風を感じ取りながら学習に打ち込んでいます。多様な学びの環境を「選んで使い分ける」ことができる

ことは，学習の生産性向上はもちろん，生徒が自ら学びを掴み取る姿勢を育くむことにもつながっています。

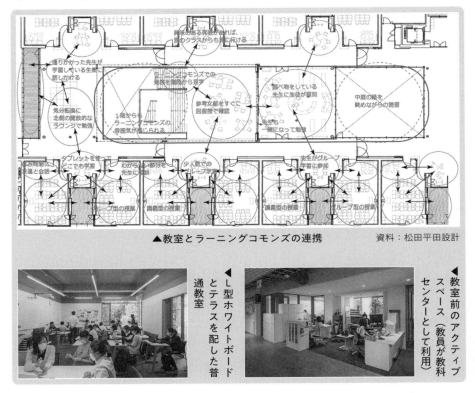

▲教室とラーニングコモンズの連携　　　　　　　　資料：松田平田設計

▼L型ホワイトボードとテラスを配した普通教室

▼教室前のアクティブスペース（教員が教科センターとして利用）

事例2　教科・授業の型にとらわれないクリエイティブな学習空間

①没頭の場，創造と共創の拠点

　2022年9月に供用を開始したSTEAM棟は，主体性を育てるドルトンプランの体現をさらに推進させる拠点となっています。

　1階を芸術・工芸系の特別教室が集まる「クラフト・ラボラトリー」，3階を理科実験室3部屋で構成される「サイエンス・ラボラトリー」とし，学習活動の基盤となる中間階（2階）に「ラーニングコモンズ」を配置しまし

た。各階の中央のエリアは連結・分割可能で，教科の垣根を超えたコラボレーションや多様な学習に応じた学習空間を創出することができます。

　特に，2階のラーニングコモンズは一体空間のライブラリーとなっており，中心部から外周部に向けて，大人数から少人数，個人へとメディアを利用した学習に適した環境をゾーニング。生徒のその時の学びのスタイルに合わせ，生徒自らが自由に学びを深掘りできる環境となっています。

■1階：クラフト・ラボラトリー

　クラフト・ラボラトリーは5つの空間で構成されています。表現の拠点となる美術室，立体造形の技術室，ハイスペックPCがあるデジタルデザイン室，多用途に使える多目的室，そして中央のクラフトセンターです。

　可動式の壁面やガラス戸によりレイアウトの変更ができるため，自分の課題や制作物に合わせて教室（空間）を使い，アナログからデジタルまで幅広い表現活動に没頭することができます。

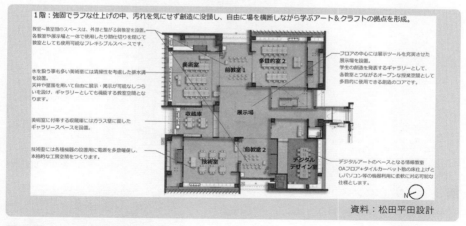

資料：松田平田設計

■2階：ラーニングコモンズ

　ラーニングコモンズは，学びのサイクルを凝縮した「知のコア」です。中心にあるセンターエリアは，展示やプレゼンテーションの場として機能し，放課後は生徒が自然と集う場所になっています。

　ラウンジ1～3には，ホワイトボードや電子黒板が配置されており，協働

的な学習の場として授業やラボで利用されています。書架エリアでは，備え付けの iPad で蔵書検索のみならず電子図書の閲覧も可能です。

外周部の閲覧席は，複数人数で使えるコミュニケーション型閲覧シートや，間仕切りで高いプライバシー性を確保した熟考スペースなど，ニーズに合わせて座席を選べるようになっています。

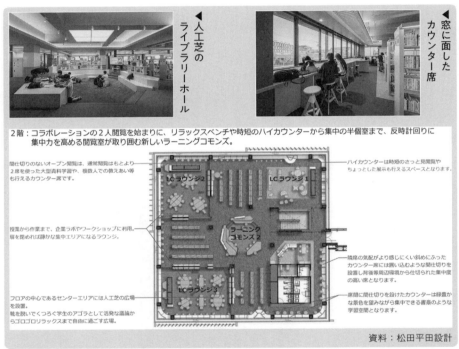

◀人工芝の
ライブラリーホール

◀窓に面した
カウンター席

2階：コラボレーションの2人閲覧を始まりに、リラックスベンチや時短のハイカウンターから集中の半個室まで、反時計回りに集中力を高める閲覧室が取り囲む新しいラーニングコモンズ。

間仕切りのないオープン閲覧は、通常閲覧はもとより2席を使った大型資料学習や、複数人での教えあい等も行えるカウンター席です。

ハイカウンターは時短のさっと見閲覧やちょっとした展示も行えるスペースとなります。

授業から作業まで、企業ラボやワークショップに利用。扉を閉めれば静かな集中エリアになるラウンジ。

LCラウンジ2　LCラウンジ1

ラーニング
コモンズ2

LCラウンジ3

隣席の気配がより感じにくい斜めにふったカウンター席には囲い込むような間仕切りを設置し背後等周辺環境から仕切られた集中度の高い席となります。

フロアの中心であるセンターエリアには人工芝の広場を設置。靴を脱いでくつろぐ学生のアゴラとして活発な議論からゴロゴロリラックスまで自由に過ごす広場。

席間に間仕切りを設けたカウンターは緑豊かな景色を望みながら集中できる書斎のような学習空間となります。

資料：松田平田設計

■3階：サイエンス・ラボラトリー

サイエンス・ラボラトリーは，3つの実験室（物理室・化学室・生物室）と120席の講義室で構成されています。各実験室には専門的な実験台や機器があり，生徒たちが自分たちで考えて実験を進めていけるように整備されています。

▲興味を引き出し，刺激を与える
サイエンスセンター

また，フロアはウォールドアで仕切られており，すべてのドアを開放することで，フロア全体を１つの部屋として利用することもできます。開かれたフロアでの学びは，生徒の創発を促し，新しい気づきやプロジェクトが生まれるきっかけとなっています。

　さらに，中央のエリアには常時，理科に関係するさまざまな展示がされており，フロア全体がサイエンス・ワールドを感じさせる空間となっています。

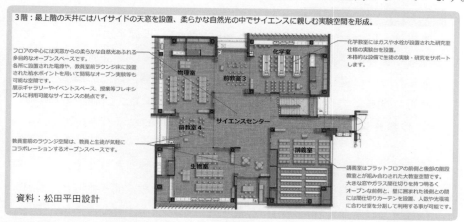

3階：最上階の天井にはハイサイドの天窓を設置、柔らかな自然光の中でサイエンスに親しむ実験空間を形成。

フロアの中心には天窓からの柔らかな自然光あふれる多目的なオープンスペースです。
各所に設置された電源や、教員室前ラウンジ床に設置された給水ポイントを用いて簡易なオープン実験等も可能な空間です。
展示ギャラリーやイベントスペース、授業等フレキシブルに利用可能なサイエンスの拠点です。

化学教室にはガスや水栓が設置された研究室仕様の実験台を設置。
本格的な設備で生徒の実験・研究をサポートします。

教員室前のラウンジ空間は、教員と生徒が気軽にコラボレーションするオープンスペースです。

講義室はフラットフロアの前側と後部の階段教室とが組み合わされた大教室空間です。
大きな窓やガラス間仕切りを持つ明るくオープンな前側と、壁に囲まれた後側との間には間仕切りカーテンを設置、人数や光環境に合わせ室を分割して利用する事が可能です。

物理室　化学室　前教室3　サイエンスセンター　前教室4　生物室　講義室

資料：松田平田設計

②可変性のある，協働・共創のための学習空間

　学習ゾーンは連結・分割することが可能であり，協働・共創の核となる，教科の垣根を超えたコラボレーションや多様な学習空間を創出することができます。

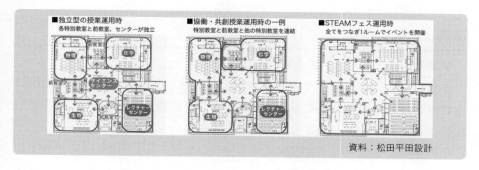

■独立型の授業運用時
各特別教室と前教室、センターが独立

■協働・共創授業運用時の一例
特別教室と前教室と他の特別教室を連結

■STEAMフェス運用時
全てをつなぎ1ルームでイベントを開催

資料：松田平田設計

05

探究的で多様な学びに対応した学び舎

—— 広島県立広島叡智学園中学校・高等学校

事例の特徴・コンセプト

　本校は，「社会の持続的な平和と発展に向け，世界中のどこにおいても地域や世界の『よりよい未来』を創造できるリーダーを育成する」ことをビジョンに掲げ，平成31年（2019年）4月に瀬戸内海の離島・大崎上島町に開校した全寮制の併設型中高一貫教育校で，国際バカロレア（IB）の教育プログラムを主なツールとした探究的な学びを推進しています。

　こうした学びを支える本校には，次のような特徴があります。

　校舎全体は，機能的な施設構成で地域と一体的な空間を創り出します。

　教室棟など学びの場の中心に位置する図書メディアセンターは，ラーニング・コモンズの役割を担い，特徴的な機能を備えた学校図書館です。

　そして，木造で明るく温もりのある教室棟は，多様なタイプの教室にICT環境を備えた学びの場を提供しています。

事例1　校舎全体

①学びと生活をイメージする機能的な施設構成

　本校は，約11万m²の広大な校地を有していますが，そのうち道路を境に西側は砂浜の海岸につながるグランドがあり，東側の約6.5万m²に校舎等の施設が設けられています。

　その北側部分は生徒たちが生活する寮（Dormitory），南側部分が教室などの校舎，その中間に体育館（Arena），講堂としても用いる食堂棟

（Cafetorium）や職員室を含む管理棟（Administration Center）が位置しています。

　寮から出て，校舎施設に向かうと，中央の大きな芝生貼りの庭「みかん広場」を囲むように，教室などの校舎や食堂棟，大・小体育館，管理棟が並び，屋根を揚げてみかん広場を周回する廊下でつなげられています。さらに，教室などの学びの校舎は，秋楡（アキニレ）が根付く「学びの庭」を中心に特別教室棟（理科室・美術室・技術室），教室（数学・社会棟），図書メディア（学校図書館），教室（言語棟）が配置され，この庭を取り囲む「学びの回廊」で繋がっています。

　このように，校舎施設はそれぞれの機能のまとまりごとに「クラスター」を組んで配置され，それぞれを広場・庭を廻る回廊が「コネクター」となって繋いでいます。施設の機能を趣意とする一見無機質とも感じられる施設構成により，日常の活動の場として"街区"のように広がりをもった空間イメージを与え，伸び伸びとした動きを生むことができるようになっています。

▲学校施設全景

特に，生徒の全員が寮での共同生活を送る全寮制を採っている本校では，朝，生活の場である寮を出て，活動を行う街（＝社会）に在る学校に登校していくというイメージをもたせることにより，同じ敷地の中にありながら，生活の場（寮）と活動の場（学校）をはっきりと区切ることができるようになっています。

②自然豊かな地域と一体的な空間構成

　また，それぞれの廊下・回廊には屋根が揚げられているものの壁はなく，緑の広がる庭や広場と一体的につながり，さらに校地外へと見渡しが利くことで，空間的な広がりを生むとともに，海の青さや緑豊かなこの島の自然と一体となった空間を創りだしています。

▲広場での授業風景

こうした空間構成により，校舎全体が学びを支える教室ともなって，本校が存在価値の一つともしている「グローバルな視野」をもちつつ，「地域に根ざした心」を大切にする学びの共同体（community）としての場が創られています。

事例2　図書メディアセンター（学校図書館）

①ラーニング・コモンズとしての機能

　本校における学校図書館は，事例1でも紹介したように学びの場の機能をもつ教室棟などの「クラスター」の一部としてあり，数学・社会棟と言語棟の間に配置されてそれぞれの教室を繋ぎ，学びの場の中心に位置するラーニ

ング・コモンズとしての役割を担っています。

　こうした位置関係から，図書館としての従来の使い方だけでなく，それぞれの教室などで行われる活動を図書メディアセンターに拡げてよりアクティブな思考活動を行うことができ，また，各教室棟のエントランス部分にも書架を設け，図書館のデータ・メディアセンターの機能を教室により近づけて学びの場での活動を支えることができています。

　閲覧・検索や調べ学習などを主に行う場とした学校図書館ではなく，教室と一体となってアクティブな学習活動が行える図書メディアセンターとしての学校図書館がここにはあります。

②特徴的な大階段スペース

　図書メディアセンターにおいて特徴的な機能を持つのが，１階フロアから２階の学習スペースにつながる動線上に広く造られた大階段スペースです。

　この大階段スペースには，その正面壁一面をホワイトボードとしてプロジェクターも設置されており，様々な映像・動画の映写・観賞やプレゼンテーション・発表，さらには外部とオンラインによる交流もできるようになっています。実際に，授業ばかりでなく課外においても，他校生徒との交流を行ったり，映画等の鑑賞をしたり，また，昨今のコロナ禍の状況を踏まえて，外部機関との交流協定の締結セレモニーをこの場を用いてオンラインで実施しています。

　このような特徴的な活用ばかりでなく，リラックスした図書の閲覧やグループ集団でのオープン

▲大階段スペースでの授業風景

な雰囲気でのコミュニケーション，あるいは，作図・作画など大型用紙・パネルの作成といった作業のためのちょっとしたスペースとしての活用も考えることができます。

本校の図書メディアセンターは，文字どおり学びの環境の中心的な位置にあって，様々な活動に用いることができ，従来の学校図書館としての機能を越えた役割を発揮するものであると考えています。

事例3　普通教室棟（数学・社会棟，言語棟）

①明るく開放的な構造

木造を主体とした教室棟は，開口部が大きく，採光性と通気性に優れており，木材が生み出す温もり・柔らかみが相俟って，明るく・爽やかで包み込むような包容性が感じられる構造となっています。

また，教室棟周囲の犬走りを通じて床面と敷地面がほぼ同一レベルで繋がり，大きな開口の窓を通して屋外への視野が開け，「屋内と屋外」さらに「学校と地域」の一体感が生まれる空間が広がることで，本校が大切にしている「グローバルな視野」と「地域に根ざした心」を育むような環境が，校舎全体を通して教室棟においても創られています。

②開放性に変化のある教室タイプ

それぞれの教室棟には，様々な授業スタイルに対応できる3つのタイプの教室が配置されています。開放度合いが高い順に，開放的な空間で様々な表現活動が行えるラーニングラウンジ（LL），セミオープンな空間でワークショップなども行えるクラススペース（CS），扉を閉じて静かな空間で学習に集

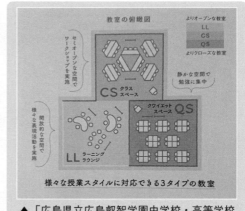

▲「広島県立広島叡智学園中学校・高等学校学校案内～令和4年版」から引用

中できるクワイエットスペース（QS）です。そして，こうしたタイプの教室の中心に自由に行き来ができる共用空間としてフレキシブル・ラーニング・エリア（FLA）を設けてそれぞれの教室と接続し，教室棟でのラーニング・コモンズの機能を果たしています。

　それぞれの教室においては，さらに，多様な組合せが可能なフレキシブルな学習机やホワイトボードの配置により，授業形態に合わせて様々なレイアウトが設定できるなど柔軟性の高い学習環境を提供しています。

　このような様々なタイプの教室や学習家具を用いて，講義形式の授業のみならず，ディスカション，グループワーク，プレゼンテーション，ディベートなど多様な学習活動を展開し，本校の大きな特徴である「探究的な学び」や「教科横断的な学び」による「主体的な学び」を支えています。

③使い勝手のよい ICT 環境

　幅広なホワイトボード，特に，教室として最も大きな言語棟ＬＬでは壁面全体がホワイトボードとなって，プロジェクターでの映写やマーカーでの書込み・描画が随意にできるようなビジュアルな学習環境が整っています。

　また，教室のみならず校舎全体をカバーするいつでも・どこでも繋がる Wi-Fi 環境も整っており，「探究的な学び」に向けたアクティブな学習活動を支援することができています。

▲明るく開放的な教室での ICT 機器の活用

06

教育委員会や国の取り組みの動向

———— 野中陽一

　新しい学校，学習環境の改革を進めていく上で，教育委員会が将来を見通して，長期的なビジョンによる学校の適正配置，学習環境整備を進めていくことはますます重要になるでしょう。少子化による学校再編を始め，大規模改修等による学校施設の長寿命化への対応も求められています。教室環境の改革に取り組むことに加え，様々な教育施設や福祉施設との複合化，バリアフリー化や防災対応，環境対応，情報化への対応など，様々な観点からの検討が不可欠となります。

　特に重要なのは，これまでの教室の概念を刷新し，個別最適な学びの場としての新たな学校施設の在り方について，教員，保護者，地域の理解を得ながら検討することでしょう。

　本節では，こうした取り組みについて，いくつかの教育委員会や国の事例を紹介します。

事例1　福山市教育委員会　福山100NEN 教育

　福山市教育委員会は，福山市市制施行100周年から次の100年へ向けて2016年から『福山100NEN 教育』を掲げ，「変化の激しい社会をたくましく生きる力＝21世紀型"スキル＆倫理観"」の育成に向けて，関連する様々な分野や取組を，「つなぎ，継続・積上げること」に取り組んでいます。

　この実現のために，「福山市小中一貫教育と学校教育環境に関する基本方針」を定め，小中一貫教育の推進，学校の適正配置と学校長寿命化等を含む

学校環境の整備を市長部局と連携しながら進めているのです。

　例えば，再編による新たな学校〔2022年度（令和4年度）開校〕の想青学園（義務教育学校）では，

　各教科の特別教室に近接して，メディアスペース（言語・人文社会・数学・理科・音楽・アート＆クラフト）を配置し，学校のあらゆる空間を学びの場とします。

　普通教室には，ロッカー等を設置した「クラスブース」を併設し，子どもたちの居場所となる小空間をつくります。

といった工夫が行われています。

　同じく2022年度に開校した常石ともに学園（イエナプラン教育校）でも，

　子どもたちにとって居心地のよい「リビングルーム」であるとともに，多様な学びの形態に柔軟に対応できる空間をめざしています。

　先生と子どもたちが，いつでもサークル対話できる場所や，子どもたちがグループで作業したり，一人で学んだりしやすいように考えて設計しています。

といった工夫が見られます。

　『福山100NEN教育』という長期的なビジョンに基づいた学校の環境整備が，子どもたちの安心安全・よりよい環境づくりとコスト削減をねらいとした学校長寿命化プラン，それぞれの学校が培ってきた歴史や伝統を引き継ぎながら，再編による新しい時代の学びへの対応を進めているのです。

事例2　渋谷区『新しい学校づくり』整備方針
〜学校施設の未来像と建て替えロードマップ〜

　教育委員会の web には，学校施設を担当している部署のページはあるものの具体的なこれからの学校施設のビジョンやイメージ，整備状況，立て替のロードマップ等の整備方針がまとめられているケースは少ないように思われます。

　渋谷区の「『新しい学校づくり』整備方針〜学校施設の未来像と建て替えロードマップ〜」のページには，「未来の学校」プロモーションビデオや整備方針の内容が具体的に示されています。約4分の渋谷区のこれからの学校施設のイメージを映像化したプロモーションビデオを見ると，ラーニングコモンズやフューチャールーム，科学教室の具体的なイメージや，地域コミュニティや防災の拠点としての学校について，理解することができます。

　その前書きには，以下のように書かれています。

　渋谷区教育委員会では，渋谷区の未来像である「ちがいを　ちからに変える街。渋谷区」を目指して，子供一人一人が自分の個性を伸ばし先進的で柔軟な考え育むための教育に取り組んでいます。また，学校内外における様々な教育資源を活用して，子供一人一人が自分の個性を伸ばし，未来をよりよく生きるための力を身に着けることのできる『未来の学校』をつくり，学校教育と社会教育の充実を図っています。

　学校施設の老朽化対策が大きな課題となっている中，令和2年度には「渋谷区学校施設長寿命化計画」を策定しましたが，『未来の学校』をつくるためには長期的な視点から，より具体的に，これからの学校施設の考え方を示すことが必要です。

　「渋谷区『新しい学校づくり』整備方針〜学校施設の未来像と建て替えロードマップ〜」は，教育目標や長寿命化計画にて示した考え方を踏まえ，具体的なイメージや整備水準，ロードマップ（行程表）などを整

備方針としてまとめたものです。今後，建て替えの計画を進める中で，適宜，改善や見直しを図りながら，『未来の学校』を実現していきます。

渋谷区『新しい学校づくり』整備方針には，以下の項目があり，イラストや写真が多く含まれた資料となっています。

・目的と状況
・渋谷区が考えるこれからの学校施設
・未来の担い手を育てる学校施設づくり
・地域とともにある学校施設づくり
・新しい学校施設整備に当たっての考え方と建て替えロードマップ

これからの学校，学習環境の在り方を検討し，教員だけでなく，地域の方々にも理解していただくために発信することは教育行政の重要な役割だと言えるでしょう。

事例3　長野県教育委員会
　　　　県立学校学習空間デザイン検討委員会

高等学校の事例ですが，教育委員会の特色ある取り組みとして，取り上げてみたいと思います。

まず，平成30年度から，県立学校学習空間デザイン検討委員会が立ち上げられ，その目的は以下のように書かれています。

長野県のこれからの学びにふさわしい学習空間をデザインするとともに，高校改革における再編・整備計画に基づく施設整備及び県立学校施設の中長期的な修繕改修計画の策定にあたり，効率的な整備・維持管理に関する手法について検討する目的で「県立学校学習空間デザイン検討委員会」を設置します。委員会は学識経験者等から組織され，専門部会とし

て「整備計画最適化専門部会」を設置し，施設の整備・維持管理に関し
意見を求めることとします。

　令和２年度の最終報告書では，「変化の激しい予測困難な時代を生きてい
く，未来の子供たちのための「これからの学校づくり」」をテーマに，新し
い学校のイラスト等も多数提示されています。

　例えば，以下の記述に対応したイラストが示されています。

「探求的な学び」を推進するため，様々な学習スタイルに対応できる空
間を用意する必要があります。

学校内のいたるところで学びが展開できる空間の連続性や相互の連携が
必要不可欠であり，空間と空間（教室，特別教室，大職員室，廊下等）を
有機的に結び付けることができる「ハブ」となる空間が必要となります。

　さらに，令和４年には，「伊那新校及び小諸新校施設整備事業の基本計画
策定支援業務の委託業者を公募型プロポーザルにより選定します」という取
り組みが行われ，審査のプロセス（提案のプレゼンテーション及びインタビ
ューの動画を含む）の詳細が開示されています。

　教育委員会がビジョンを示し，それに基づいたプロポーザル型の公募を行
う取り組みは，「建築家等による県立学校全体のデザインや整備方法につい
ての議論は，全国的に珍しい取組。」（最終報告書（概要版））という記述が
あるように，まだまだ広まっていないようですが，情報を公開し，教員，保
護者，地域の理解を得る取り組みとして，今後，ますます重要になると思わ
れます。

事例4　文部科学省　未来の学校施設づくりを支援するプラットフォーム「CO-SHA Platform（コーシャプラットフォーム）」

「新しい時代の学びを実現する学校施設の在り方について」（最終報告）で提言され，令和4年度に始まった取り組みです。

「CO-SHA Platform（コーシャプラットフォーム）」は，新しい時代の学びを実現する学校施設づくりを支援するプラットフォームです。主に小中学校の学校設置者や教職員のみなさんに向け，学校施設の整備や活用を進めるための，オンライン／オフラインでの共創・共有の場づくりを目指します。「CO-SHA」は，共創（CO-creation），アイデアをシェアする（SHAring ideas），と，「校舎」をかけ合わせて生まれた言葉です。

「イベント＆コミュニティづくり」（令和4年度は3回のイベント），「新たな学校施設づくりのアイデア集」（令和4年度末で8事例），「無料相談窓口」（建築家や研究者からなる15人の校舎アドバイザー）の3つの取り組みが展開されており，令和5年度も継続しています。

07

個別最適な学びと協働的な学びの
一体的な充実を実現する「SUGOI 部屋」

—— 東京学芸大学附属竹早小学校／株式会社内田洋行

事例の特徴・コンセプト

　GIGA スクール構想下で個別最適な学びと協働的な学びの一体的な充実を実現するため，ICT デバイスやネットワークを自在に実装でき，今後の ICT の進化にあわせて変更可能な学習環境を構築しました。特徴は，壁一面のホワイトボードと 2 台のプロジェクターによりデジタルとアナログ双方の授業が可能な環境で，操作性の高いスイッチャー機能により複数の画面掲示やスムーズな画面の変更を可能にしました。また，児童でも簡単に移動させられる机・椅子を設置し，遠隔授業も可能な教室全体をカバーする広角カメラ，スピーカー，集音マイクを設置することでより様々な場面でコミュニケーションができる，公立学校でも導入可能な導入費用を抑えた教室を構築しました。

SUGOI 部屋の概要

　「SUGOI 部屋」は，東京学芸大学が推進する「未来の学校　みんなで創ろう。PROJECT」の一環として開発されました。このプロジェクトは「10年後の学校を 3 年後に実装させよう」を目標として2020年度にスタートし，大学と附属学校だけでなく40を超える企業等の法人と 4 つの市町村の教育委員会が参加しています。コンセプトは 2 つ。「みんなで創る」と「好きに，挑む。」です。外部からのソリューションだけに依存するのではなく，外部と学校内部にチームをつくり，多様な人材（みんな）による価値創造を目指しています。計画をたて，遂行していくのではなく，問題や課題（＝「好き」）

を持ち寄り，チームを形成し，問題解決を進める方法をとっており，先導的な教育だけでなく，公教育において広く実装していく方法を一体化して考えるということも大切にしています。「SUGOI部屋」は9つのチームの1つ「TEAM GIGAスクール時代の学習環境を考えよう。」が1人1台端末が整備されたGIGAスクール構想下で教室がどうあるべきかを，授業で実際に起きるシーンに対応可能な環境を研究し実践することにより構築されました。

SUGOI部屋は，ICTデバイスやネットワークを自在に実装できる空間構築ユニット「SmartInfill（スマートインフィル）」（株式会社内田洋行）を基盤に，大きな映像の投影が可能なプロジェクターとホワイトボード，教室全体をカバーするカメラとスピーカーマイク，画面をスムーズにスイッチできるスイッチャーの仕組み，さらには東日本電信電話株式会社のご協力で，Wi-Fi6と高速インターネット回線を直接教室に敷設することにより，高速ネット環境を附属竹早小学校に導入しました。これによりネット関係のストレスがほぼなく多様なICTを

▲「SUGOI部屋」の教室モデル

気軽に使える環境を実現しました。

個別最適な学びと協働的な学びの一体的な充実を目指す工夫

SUGOI部屋は2つのコンセプトをもとに構築しました。1つは，1人1台の端末が整備されている状況で，個別最適な学びと協働的な学びを一体的に充実させるために必要な教室環境を開発すること。もう1つは，公立学校に広く普及可能なものとすることです。まずは，前者について説明します。

「指導の個別化」を実現するためには，毎日変化していく児童生徒に対し

個別に教育を行う必要があります。その為には，固定した環境ではなく，多様な教育方法と学び方が実現できる多様で変更可能な環境が求められます。この多様性と変更可能性を実現するために，SUGOI部屋には次のような機能を持たせています。まず，ホワイトボードとして活用できる壁いっぱいのスクリーンです。ホワイトボードにすることで，画像や映像を掲示しながらの板書を可能とし，教室空間をハイブリッド化させています。

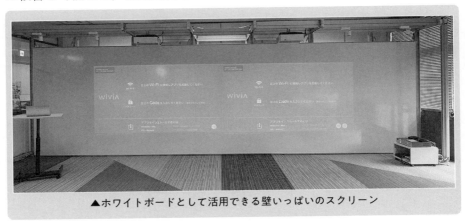

▲ホワイトボードとして活用できる壁いっぱいのスクリーン

　次に，大きな画面と小さく分割した画面の，最大8つまでの画面掲示を可能としたことです。操作性の高いスイッチャーを整備し，画面の切り替えをスムーズに何度も繰り返すことも可能となっており，これにより1つの授業内でも多様な教育方法を変更しながら行うことができます。

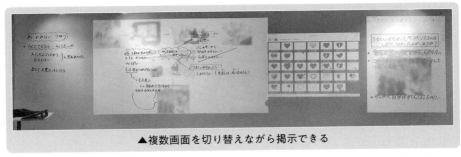

▲複数画面を切り替えながら掲示できる

　さらに，床をタイルカーペットとし，机，椅子を子どもでも移動可能なも

のにすることで，教室構成のスムーズな変更を可能にしています。机，椅子はスタッキングを可能なものにしているため，机や椅子を周辺に置き，中央に大きな空間を作ることも可能です。上記のような特性は，スムーズなグループワークへの移行や，情報共有も同時に実現しており，協働的な学びの実現にも対応しています。

「個性化された学び」では，児童生徒一人一人の多様な興味関心を起点とする多様な学びが，多様なスケジュールで行われます。その学びを支えることを教員一人で行うのは難しい等の理由から，外部の人材の参加が求められます。「SUGOI部屋」では壁一面に外部人材が映し出せるようにすることで背景や人物の動き，表情までを児童生徒に伝えることを可能とし，外部人材の音声が教室全体に聞こ

▲壁を使った活動風景

▲机をなくし椅子のみでの利用

▲外部人材による遠隔授業も容易

えるようなスピーカーを設置することも含め，コミュニケーションの質を上げています。逆に，参加する外部人材が教室の状況を認識しやすくするために教室全体を映せる広角のカメラと教室全体の音を確実に拾う集音マイクを設置しています。

　また，児童生徒が多様にインターネットを活用すると，同時に大容量のデータ転送が必要となるが，SUGOI部屋はWi-Fi6の導入によりネットストレスのない教室となっています。

　対話的な学びや探究学習の推進により，最終的な成果だけでなく，学びのプロセスを評価することがより求められます。SUGOI部屋では広角カメラと集音マイクを設置することで，教員に大きな負荷をかけることなく授業をアーカイブし，教員が学びのプロセスを振り返ることを可能にしています。これは同時に公開研究会への外部からの参加や教員研修，教員養成における授業研究の機会を大きく増やすことにもつながります。

公立学校に広く普及可能なものとする工夫

　次に，公立学校に広く実装していくためにどのようなことを考えてSUGOI部屋を開発したかを述べます。

　まず，コモディティ化したテクノロジーの導入です。これには2つの意味があります。1つは，全ての教員が活用できるようにすることです。高度な技能を求められると，多様な教員がいる公立学校に普及していくのは難しくなります。一方で，多くの人が活用しやすいように設計されているコモディティ化したテクノロジーは，高度な技能を必要としません。またもう1つの意味は，高額な費用がかからないということです。高額な費用を使って最先端のテクノロジーを広く公立学校に普及していくのは現実的ではなく，SUGOI部屋では，必要なテクノロジーを取捨選択することで費用を抑えています。

　また，ICTを含めたテクノロジーの変化のスピードは高まるばかりです。この変化に対応するために，SUGOI部屋では，常に新たなテクノロジーを

設置できるように，ICT デバイスやネットワークを自在に実装できる空間構築ユニット「SmartInfill（スマートインフィル）」（株式会社内田洋行）をベースとしています。このことで，大きな費用や工事を必要とせず，新しいテクノロジーを導入し続けることが可能になっています。

このことは，SUGOI 部屋の名前の由来にも関係します。設置当初，児童より「すごい！」という言葉が多く発せられ，自然と「すごい部屋」と呼ばれるようになりましたが，開発者側からすればコモディティ化した技術を取捨選択しながら導入しているため「スゴイ」とは言い難く，そのため，Smart（洗練された），Unlimited（制約を受けず），Growing（成長する），Open Innovation（異なる分野の知識や技術を取込んだ革新的な）の頭文字をとって「SUGOI 部屋」と命名しました。SUGOI 部屋が公立学校へ広く普及していくことを目指していることを表す面白いエピソードです。

全教室を「SUGOI 部屋」化することは現実的ではありません。SUGOI 部屋はコンピュータ教室などの特別教室を改装し，学校に少なくとも一教室だけは設置し，ICT をフルに活用したい時に教員が活用できるようにすることを想定しています。特に，ICT に特化した教室をつくることで，教員間に ICT を活用したいという雰囲気がより生まれてくることも想定されるため，SUGOI 部屋を学校に１つ設置していくことは，授業への ICT 導入においても大きな意味を持つものと考えています。

▲スマートインフィル　教室構築例

08

新しい時代の学びを実現する空間づくり

—— コクヨ株式会社

事例の特徴・コンセプト

　コクヨグループは，働く人・学ぶ人の知的活動を豊かにする商品・サービスを世の中に提供してきました。近年の学校施設の課題は，大きく2つに集約されます。1つは，第2次ベビーブーム期に建築された校舎の老朽化です。教育面・機能面での不具合が急速に増加しており，その対策が急務です。もう1つは，学校家具の規格・機能が学びの変化に対応しきれていないことです。規格・機能の多くが昭和初期～中期に定められたもので，教育環境が大きく変化した今の時代にはそぐわなくなっているのです。

　教材の大型化や増加，GIGA スクール構想によるデジタル端末の導入など，教室環境は大きく変化しつつあり，新しい学びをいかに実現させるかは，重要なテーマとなっています。令和4年3月に文部科学省より発表された，「School for the Future 『未来思考』で実空間の価値を捉え直し，学校施設全体を学びの場として創造する」のもと，コクヨでは「個別最適な学びと協働的な学びの一体的な充実に向け，柔軟で創造的な学習空間を実現する」という課題に対して，2通りの空間づくりをご提案しています。

- ・Type 1　1つの空間を活動に応じて変化させて利用する
- ・Type 2　活動に応じて設置した空間を，子どもたちが移動して利用する

それぞれの提案においては，自習や図書の閲覧（個別最適な学び）から，グループ学習や発表，ガイダンス（協働的な学び）などの活動まで，柔軟に対応できる空間をつくることを目指しています。一方，理想の空間の実現には，予算の問題が壁になることも事実です。そこで今回は，新校舎の事例と併せて，既存校舎で実現した新たな学ぶ空間づくりの事例と，既存の家具を活かしながら学習効果の向上が期待できる製品を，ご紹介させていただきます。

事例1　東京学芸大学附属竹早中学校

　生徒，教員，外部の事業者が一体になって作ったのが，東京学芸大学附属竹早中学校の「Dルーム」です。Dルームの名称は，Dream，Decide，Develop の頭文字に由来します。きっかけは，GIGA スクール構想による１人１台のデジタル端末導入により，コンピュータ教室が不要になったことでした。その利活用法を考えるなか，コロナ禍で活動を制限された生徒たちから「もっといろんなことをやりたい」という声が上がり，学びの多様性という同校の研究テーマとも相まって，先生と生徒がそれぞれの視点で考え，学びの多様性を実現する空間を一緒に作ろうと，プロジェクトが立ち上がりました。

「教員と生徒だけだと，どうしても"学校""教室"という枠にとらわれてしまう」と考えた先生方から依頼を受けたコクヨは，空間づくりの専門家としてプロジェクトに伴走。2022年6月に校内でワークショップを開催し，先生，生徒，関係事業者がグループになってアイデアを出し合い，新しい空間のコンセプトを考えていきました。

　こうしてできたのが，「個・協・創」のコンセプト。個人で仕事や学習ができるスペース，人と協働できるスペース，新しいものを創造するスペースにゾーニングし，どのような家具が欲しいかを詰めていきました。

▲左上：WSの様子，右上：Dルームでの授業，左下：改修前，右下：改修後

　タイルを敷く作業などにも生徒が主体的に携わったDルームは，同年末にオープン。3学期からは，一部の授業や生徒の課外活動で利用しているほか，外部の人も利用できるコワーキングスペースの実証実験も始まっています。「Dルームには完成形はない。これからも少しずつ作っていく，進化していく部屋」というのが携わった先生方の共通認識。「用途が明確に決まっておらず，家具も自由に動かせるから空間のあり方が柔軟で流動的。いろんな使い方ができるからこそ，使う人の創造性が刺激される。偶発的で多様な学び

が生まれるのではないか，今まで学校にはなかった景色が見られるのではないかと，とてもワクワクしている」と語ってくれました。

事例2　板橋区立上板橋第二中学校

板橋区立上板橋第二中学校（東京都板橋区）は，平成30年度に区内の中学校と統合し，令和4年度に新校舎に移転しました。新校舎の設計に際しては，「教科センター方式」の採用をはじめさまざまな工夫がなされました。

教科センター方式とは教科ごとに教室が決まっている方式で，生徒が受ける教科に合わせて教室を移動します。また，同校では，学年（ユニット）ごとにホームルームとして使うエリアが決まっており，朝の会や特別活動の際には，生徒は自分のクラスの所定の教室を使います。例えば，「7年※A組がホームルームとして使う教室＝英語教室」のように，1つの教室に複数の機能があるということです。教室の使い方の自由度が高いこと，生徒が自ら学びに行くという姿勢が育まれることが，最大のメリット。各教室はシーンごとに使う生徒が変わるため，机の中には物を入れず，荷物は教室に隣接する「ホームベース」というスペースに設置されたロッカーで保管します。

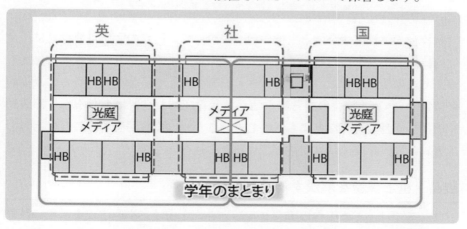

※板橋区では小中一貫教育を進めており，中学1年生を7年生，2年生を8年生，3年生を9年生と呼称します。

教科教室が集まるゾーンの中心に，「教科メディア」と呼ばれるスペースを設けているのも特徴です。教科メディアには，教科に関係する資料や書籍，生徒の作品などが展示・掲示され，椅子やテーブルが置かれて生徒が自由に歓談できるようになっており，深く協働的な学びをサポートしています。

▲写真上：英語メディア，写真下：社会メディア

　新校舎で学校生活を送る生徒の様子について，同校の宮田正博校長は「全体的に以前よりも落ち着いて授業に集中できるようになり，意欲的な生徒も増えた。環境は子どもの成長に大きく影響する」と話します。さらに今後の展望について，「校舎の持ち味を活かし，探究的な学習はもちろん，部活動や委員会活動，行事などにも活かしていきたい。動線が交わることで自然と生まれる異学年交流にも期待している」と述べました。

製品　机上課題を解決する「つくえ＋（たす）」

　コクヨでは，1人1台のデジタル端末導入を受け，小中学校を対象に教室環境課題の調査を行いました。その結果，机・椅子に課題を感じている教員が多い（小学校57％，中学校40％）ことがわかりました。なかでも「机上面

積」に言及した回答が全体の約30％と最も多く，興味深いことに，「大きすぎて教室を圧迫する」という課題と「小さくて教材が載らない」という課題が混在していました。

前者については，全国的に新JIS規格への移行が進みつつあるなか，机のサイズを大きくすることで通路を圧迫してしまい，教員の机間巡視がしづらい，柔軟なレイアウトが難しくなる，災害時の避難導線が確保できないなどの問題が生じていることがわかりました。一方，後者については，端末導入などにより教材が増え，机上面積が不足していることがわかりました。

これらの調査結果を踏まえて開発したのが，「つくえ＋」です。コンパクトに設計（奥行5cm）し，机上を立体的に活用するためのスリット形状を採用。端末落下を防ぐために，前面には立壁を設置しました。既存の机に取り付けて使用できるため，机を買い替えることなく教室整備を実現できるのも本製品の大きなメリットです。

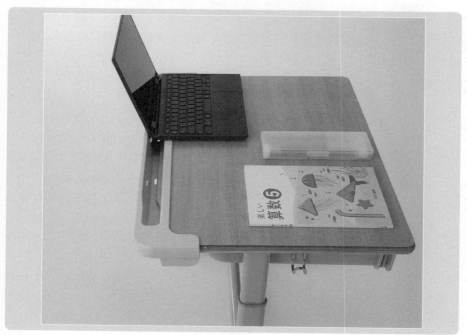

製品発売前に実施した東京学芸大学附属世田谷小学校での実証検証では，スリットを活用したさまざまな机上レイアウトが見られ，教員や児童の満足度も非常に高いものでした。

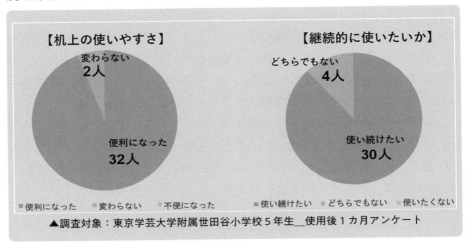

【机上の使いやすさ】
変わらない
2人
便利になった
32人

■便利になった　■変わらない　■不便になった

【継続的に使いたいか】
どちらでもない
4人
使い続けたい
30人

■使い続けたい　■どちらでもない　■使いたくない

▲調査対象：東京学芸大学附属世田谷小学校5年生＿使用後1カ月アンケート

コクヨでは今後も教職員や子どもたちと対話を重ね，常識にとらわれない視点で「学びやすさ・使いやすさ」を追究し，提供価値を向上させていきたいと考えています。

Chapter 3

現場からはじめる
教室環境・学習環境
リノベーション

安心と利便性を向上する
「児童生徒用デスク拡張」

課題

　児童・生徒の机上は，教科書・ノート・資料集・ワークシート等の配布プリント及び文房具などで溢れています。ここにタブレットが加わることで，さらに机上スペースが狭く感じられるようになりました。

リノベーション

　従来の児童生徒用デスクの天板面積を拡張することで，ゆったりとしたタブレット活用ができるようになります。単にスペースが広くなるだけではなく，エッジ部分にガードもついているため，タブレットの落下防止（破損リスクの軽減）の安心感も向上します。

　ほかにも，タブレットの操作姿勢が良くなる，タブレットペンでの描画や資料を見ながらのキーボード入力等の利便性が向上するなど，数多くのメリットが挙げられます。

タブレット端末活用に伴う机上スペースの問題

　GIGA スクール構想による１人１台のタブレット端末の整備に加え，新JIS 規格の天板サイズ（幅650×奥行450mm）が普及しているようですが，旧JIS 規格（幅600×奥行400mm）の机が使われている学校もよく見かけます。いずれにせよ従来の教具（教科書・資料集・ノート・ワークシート等の配布プリント）に加えて，タブレット端末を併用することが多くなってきましたが，それだけの教具を開くスペースは机上にはありません。そのため，教科

書やノートの上にタブレットを置いて，不安定な中で利用したり，タブレットの下のワークシートを取り出そうとして，タブレットをひっかけて落下させてしまうなど，たまに見学した授業中でもそういった場面をみかけます。

　例えば，左上図は，既にタブレットケース部分がはみ出てしまっています。しかも，2人で操作しているため，バランスが悪くなっています。操作に没頭しているため，気づかないまま落下の危険性が増していきます。

　右上図もタブレットが机からはみ出てしまっていますが，このタブレットを操作している指に鉛筆を持っているのが見えるでしょうか。これは，紙媒体のワークシート（ノートを含む）への記述とタブレット上でのデジタル共有ノート上への記述の両方がおこなわれている場面です。こういった，デジタルとアナログを融合したハイブリッドなシーンはよく見られるかと思います。学習者用デジタル教科書を活用する授業においても，やはりノートや紙媒体のワークシート・プリント類との併用がみられます。「直筆で紙媒体に記述する」ことは重要視されている一方で，タブレット端末の活用促進が図られている中，この両者の併用はまだまだ続くものと思われます。

　こういったデジタルとアナログの併用場面においては，非常に狭い机上スペースでストレスを溜めながら学習をおこなっている様子が見て取れます。特に，算数のような，集中して思考したい場面が多い教科の場合，学習効果に懸念が生じる可能性もあります。タブレット端末による学力向上効果をねらっているのに，机上スペースの問題で逆効果になってしまっては本末転倒

といえます。

1 面積の拡張で学習スペース確保

　机上スペースの問題に対応するための最も手軽な解決方法としては，天板の面積を拡張し，教科書・ノート等とタブレットを置くスペースをより広く確保するといったことが考えられます。例えば，下記の製品を用いて天板を10cm拡張することで，少なくとも約600平方センチメートル以上（Ａ４サイズ相当）の面積が拡張されます。

●**天板拡張くん【TFW-DE60/TFW-DE65】**

（株式会社ティーファブワークス　https://tfabworks.com/product/tfw-de/）

　これで，ほぼタブレット１台分のスペースが広げられることになりますが，こちらの製品のメリットはそれだけではなく，落下防止の安心面にもあります。端の部分がせり上がっていて，これがガードとなって，タブレットをはじめとして，教科書・ノートや文具類の落下防止にも威力を発揮するのです。不意な落下によって，画面にヒビが入る事例はよく聞かれますが，修理ができずにそのまま使用している児童もよく見かけます。落下の衝撃が大きい場合には電源が入らなくなることもありますので，故障の原因につながる落下は極力避けたいものです。このガード部分による安心感は児童生徒のストレ

◀拡張部分の端がせり上がって，タブレットを固定できるため落下防止効果が大きい。

スを和らげるとともに，指導者側・管理者側にもメリットが大きいのではないでしょうか。

アイデア
2 天板面積の拡張で，姿勢や視力等の健康面改善

　天板を拡張することで，机上スペースに奥行きが増します。これによって，ちょうど腕を伸ばしたところにタブレットを置けるようになり，タッチタイピングのしやすさや，目の疲れの軽減にもつながるという報告も聞かれます。また，机の奥側にタブレットを置いて，手前にノートを開いておくことで，タブレットの映像を見ながらメモを取ることが容易になりました。例えば，NHK for School の映像番組を視聴しながら，気づいたことをノートにメモしていくような場面では重宝されます。

　ほかにも，机上のスペースが広がり，落下の心配が軽減されたことで，タブレットを立てて設置してプレゼンテーションや自作映像を自動再生していくような取り組みも実施されています。児童は，その自動プレゼンテーションや映像作品を巡回しながら見て評価していくので，児童の雑然とした往来の中でも，安心して学習活動ができるようになりました。

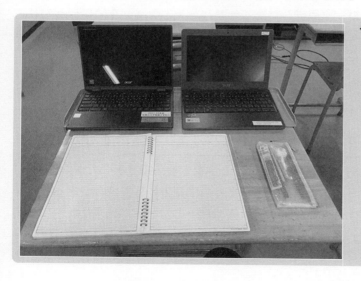

◀A4ノートを開いた状態で更に奥側にタブレットを配置できる。そのため，近視予防・操作姿勢についても指導しやすい。

安価でできる教室内の「個別学習ブース」

　AIドリル等の普及によって，個々の進度で学習する機会が増えてきました。それに伴って，集中して学びたいといった個々の児童生徒のニーズも増えていることは確かです。さらに，公立図書館での自習，民間の自習室利用などが進むことで，学校にも個別に区切られた集中して学習できるスペースが求められています。

　校内で個別学習のブースを設けるには，仕切り枠のついた専用のデスクを設置することが最も素早く安価な構築方法といえます。費用をかけなくても，通常の教室用デスクを並べてパーティションを間に挟んだり，ダンボールで囲んだりするだけでも，個別学習の空間を構築することが可能です。児童生徒は，教室の通常の机ではなく，個々に仕切られた空間さえあれば，自習エリアとみなして活用してくれるようになります。

個別学習ブースを構築し，学び方にバリエーションをもたせる

　「個別最適な学び」を学校研究に掲げる学校も増えてきましたが，"指導の個別化"を推進するにあたり，一人ひとりの学び方にも，特性があることがより鮮明になってきたといえます。1人で黙々と学びたい児童生徒や，ペアでの学習に向いている児童生徒もいれば，机を向かい合わせてグループで学ぶことでより活発になるケースもあります。学習内容や取り組むテーマによ

っても，適した学習形態は異なるはずです。

　そのため，学び方のバリエーションを増やす方法を考えてみたいと思います。特に，ここでは，これまで普通教室にはみられなかった「個別学習ブース」の構築について提案します。GIGA スクール構想での AI ドリルの普及や文部科学省の CBT（MEXCBT＝メクビット）の本格運用によって，個別学習や自由進度学習のニーズが高まっていることは確かです。また，公立図書館での自習スペースや民間の自習室の利用等によって，学校外で自主的に学習している児童生徒も増えてきました。

　そこで，学校の教室に個別学習のできる学習環境を構築した事例をご紹介します。

アイデア

1　個別学習用デスクの設置

　児童生徒数の減少によって，教室内に空きスペースがある学校も多くなってきました。特に地方の学校では，20人学級なども増えてきています。そのような場合に，教室内に個別学習ブースを設置することで，学習形態にバリエーションをもたせることができます。この場合，設置するデスクサイズにも注視します。60〜80cm 幅では1人利用が想定されますが，幅100cm あれば，小学校低学年〜中学年程度の児童の場合，ペア学習ブースとしても使えます。ま

た，幅が100cmあれば，小学校高学年・中高生の場合でも，教員が横について指導することも可能なため，個別学習に加えて，「個別指導ブース」としても利用可能です。キャスター付きのデスクにしておけば，教室空間のレイアウトも自由に変更できるようになります。

▲100cm幅のデスクではタブレットを並べてのペア学習も可能

2 校内にある机・パーティション・ダンボールなどを再利用

校内にある机・パーティション・ダンボールなどを再利用して，個別学習ブースを作ることも可能です。児童と一緒に「手作りの秘密基地」の感覚で作ることで，遊び心半分で気楽に利用してくれる児童も出てきます。また，ダンボール部分に学習に関する資料を貼り付けたり，「落書き」したりすることも可能です。ダンボールという自由に加工できる素材だからこそ，

▲ダンボールを再利用して個別学習空間を児童とともに構築した例

「窓」をくり抜いて明るさを調整することもできます。また，逆に背面にもダンボールをつけて暗くすることで，天文シミュレーションソフトを夜中の雰囲気で利用したり，光センサーを使ったプログラミング授業で利用したりするなど，アイデア次第で用途は広がります。

3 空き教室内をすべて「個別学習ブース」＝自習スペースに

　空き教室内に個別学習用デスクを配備し，完全な自習スペースを校内に構築した例もあります。各デスクにはLEDライトが備え付けられていて，電源タップも引かれていますので，タブレット等も充電しながら使用できます。もちろんWi-Fi環境も整っています。

　自宅には「テレビ・ネット・ゲーム等の誘惑がある」という理由から自習スペースを利用するという生徒が多いと思われるのですが，それ以上に，この空間に入った瞬間に自主学習のモードに切り替わるような雰囲気を持っていることが，高い稼働率の秘訣ではないかと思います。

▲和歌山県立串本古座高校「くろしお塾」の自習室の様子　電源及びLEDライトも備えられている

「一斉学習用スペース」と「ワークスペース」の組み合わせ

課題

　人口過少地域では1クラス10名程度といった学級も珍しくありません。タブレット保管庫を設置したり，大型ディスプレイを設置したりしても，まだまだ教室スペースには余裕があります。少人数だからこそ，もっと教室をアクティブな学習空間にして，創作活動なども充実していきたいという思いを持っている先生方も多くいます。しかしながら，費用・時間・労力を考えると，やはり通常の教室環境を大きく変更しづらいのが実情です。

リノベーション

　一斉学習用のスペースとワークスペースの空間を切り分け，後者には創作活動に適したワークスペースを整え，その周辺に道具や材料等を揃えます。実際には，模造紙を広げて壁新聞やポスターを作ったり，ダンボール箱で工作をおこなったりするのに適した場所となりますが，タブレットでの撮影ブースや個別の視聴スペースとしての利用も可能です。

創作意欲を掻き立てる「工房」としての空間づくり

　主に，黒板に向かって一斉指導をおこなうエリアとは別に，様々な創作的な活動を想定したワークスペースを設けた事例を紹介します。空間を切り分け，材料・文具・教具等を使いやすく揃えることで，創作意欲を掻き立てる「工房」を教室内に整備しています。

創作的な活動を促す空間づくり

▲和歌山県紀美野町立下神野小学校の普通教室の様子

　写真は，教室の後方にワークスペースを設けた教室の事例です。ここには，画用紙や模造紙を広げられる大型のデスクをはじめ，フロアに座って使える丸型のデスクなども設置されています。また，模造紙を床に敷いて，それを囲むようにして作業できるよう，フロアの掃除が行き届いています。直接床に座りづらい場合は，こういった空間に絨毯やフロアカーペットなどを敷くと，読書活動などにも適した空間になるかと思います。

　創作活動は時間がかかりますので，このスペースに製作途中のものを置いたまま，通常の授業を受けられるという点は大きなメリットです。複数の日にまたがった作業もやりやすいといえます。

　このワークスペースの周辺には，マジック・絵の具・文具類が揃えられており，図鑑や資料集が置かれた棚もあります。それらを取り出して，すぐに作業に取りかかれます。また，プリンターも設置されており，タブレットからのワイヤレスプリントにも対応しています。

　通常は，紙媒体や粘土細工等の利用，ダンボールを用いた工作等を想定していますが，例えば，コマ撮り撮影によるアニメーション作成，走行型のプログラミングキットの利用をはじめ，ナレーションの録音などもおこなわれ，アナログ・デジタル問わず，創作する活動の場となっています。

特別支援教室における自分の机以外の「学習スペース」

課題

　特別支援学級では，タブレットを活用した授業において，ノートやワークシートと併用して学習するために，広い机上スペースを必要としています。また，タブレット使用の際に，その都度，保管庫に片付けたり出したりといった作業が大変です。そこで，広い机上スペースや自分のタブレットを常設しておけるような場所を必要としていました。また，一人になりたい時や気持ちを落ち着かせる空間が必要となる場合もあり，一定のカームダウン・クールダウンスペースを確保することが課題でした。

リノベーション

　教室をパーティションで2分割し，後方に円卓エリアを設置することで，新たな学習空間を構築しましょう。また，教室の隣の廊下（オープンスペース）などに「パーソナルスペース」を設けてみましょう。

空間マネジメントによって新たな学習・生活エリアを構築

　和歌山市立伏虎義務教育学校の特別支援教室の場合，学級全体，グループ・ペア，個人の3段階で必要に応じて，準備された学習・生活空間を使い分けることができるようにしています。特に「パーソナルスペース」は特徴的で，ローテーブルを置くことで，座り込んで個別学習したり，寝転がったりもできます。囲われていることで，周囲の音や視線も気にならずに，気持ちを落ち着かせ，気分転換にもなります。ここのパーティションは，簡易的

な段ボール素材であり，すぐに片づけたり，形を変形したりすることも可能ですので，柔軟な空間マネジメントが可能です。

アイデア
1 教室をパーティションで区切り円卓エリアを設置する

　1つの教室をパーティションで区切り，後方に円卓と中型のディスプレイを設置しています。机上が広く，タブレットをはじめたくさんの資料類

とともに学習できます。また，自分のタブレットをここに設置して起動させておけば，いつでも使いたい時に即利用できるようになります。もちろん，円形のため話し合いの活動もできます。教室側と離れているため個別の学習もできますし，協働的な学習にも使えます。円卓は元 PC ルームにあったものを利用しています。例えば，学年別の授業を行う時や，個別の教材に取り組む場合などに利用されます。協働学習では，画用紙や模造紙等に書く場合などに重宝されます。

アイデア
2 廊下のスペースを利用する

　右図は，教室横の廊下にパーティションで区切って作ったパーソナルスペースです。長時間の利用は想定していないために簡易的な学習スペース，気持ちを落ち着けるためのスペースと捉えています。設置されたローテーブルでは，集

中して個別学習や作業もできるようにしていますが，主に静かな環境で視覚聴覚に刺激を与えない個室スペースとして利用しています。

GIGA スクール構想に対応した
「掲示物」による学習環境

課題

　通常，教室には，校訓・校則，学級目標やスローガン，各種通信，学級の発言ルール等たくさんの掲示物が貼られています。しかし，GIGA スクール構想に関係した「掲示物」を見かけることはほとんどありません。「よく児童生徒から質問されること」や，身につけて欲しい「情報活用能力の重点目標」などを掲示しておけば，授業中に役立つことは間違いないと思うのですが，そういった GIGA スクール構想に対応した学級掲示物作成のノウハウというものはまだまだ蓄積されていません。

リノベーション

　タイピングの方法，フォルダ構造，ショートカットキーの説明などの操作スキルや，普段は意識していないような情報活用能力レベルなど，年度初めに「身につけて欲しい知識・技能」などを掲示し，円滑な学習活動を促します。児童生徒自身に作成させてもいいでしょう。

操作方法の確実な習得と繰り返すことで身につく「諸注意」

　GIGA スクール構想では，「タブレット端末はマストアイテムであり文具である」といわれます。しかしながら，文具のように自由自在に使いこなすまでには，操作方法の習得や注意事項の徹底に多大な時間・労力を必要とすることは確かです。そういった労力を極力減らすためにも，覚えておいて欲しいこと，重要なポイントなどは「掲示物」にして常時目のつくところに貼

っておきましょう。通常の授業進行さえままならないのに，タブレット端末の細かい指導まではとても手がまわらないという場面もあるかと思います。教室の一番後ろの児童が手を挙げたのでそこまで行くと，単純なキーボードの切り替え（半角・全角）ができていないだけだったこともあります。移動して，何に困っているかをきいて，指示をすると，これで30秒〜1分はロスします。こういった蓄積が，授業全体の遅延にもつながっていきます。

　また，インターネット上の資料を使う場合の「出所の記載方法，引用のルール」や，著作権への対応，各種サイトの信憑性を見抜く方法などは，その都度指導していかなければ，なかなか浸透しません。こういった情報を活用する上での「諸注意事項」も常時の掲示物にしたり，調べ学習を始める際の臨時的な掲示物としておくなどの工夫が必要です。

　さらに，児童生徒がタブレットを用いた活動を行う場合には，同時に「情報活用能力の育成」が図られる場合が多いのですが，そういった「成長」を意識せずに学習活動を終えてしまっているケースが多々あります。そこで，系統的な「情報活用能力の育成」のためにも，その能力の形成を児童生徒自身が自己評価できるように，「ふりかえり」の記述にも反映できるようになっておくことが重要でしょう。

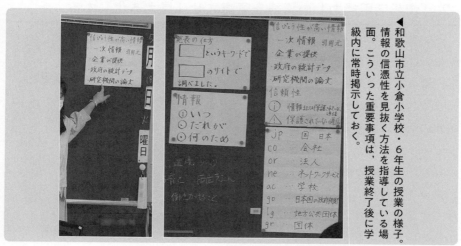

▶和歌山市立小倉小学校・6年生の授業の様子。情報の信憑性を見抜く方法を指導している場面。こういった重要事項は，授業終了後に学級内に常時掲示しておく。

1 操作手順・操作説明等の掲示物を作成し「読み解く力」を育成

タブレットそのものや各種アプリの操作手順・操作説明等の掲示物は，児童生徒の質問を減らし，効率的な授業進行に寄与することになりますが，効果はそれだけではありません。加えて，児童生徒の「自力解決を促すきっかけ」にもなります。例えば，「教室内の掲示物を見たり，画面内のヘルプを参照して，それでもわからなかったら周りに質問する」といった取り決めをしておきます。また，「誰も分からない場合は，ネットで調べ，それで自力解決できたら，それを教えてね」と伝えておくと，誇らしげに伝えにくる児童もいます。自力で解決

▲児童が調べて作成したショートカットの一覧表（和歌山市立小倉小学校）

できるようになれば，主体的な学習を促すきっかけとなるはずです。

2 「情報活用能力」の獲得を意識させ「見える化」する

インターネットを用いた調べ活動は，GIGA スクール構想において，最も実施される学習場面といえます。児童生徒は，検索の仕方，情報の切り取り方法（スクリーンショットの撮影，コピー＆貼り付け等），それらの情報をもとにしたスライド作成の方法等の操作はすぐに習得します。しかしながら，情報の中身の吟味や，編集時の注

▲児童の情報活用のプロセスや留意点を掲示した例（和歌山市立小倉小学校）

意事項等については，あまり意識していないのが現状です。ここは，やはり活動前・活動中の指導が重要です。前頁の写真は様々な情報活用場面の注意事項をまとめた掲示物で，活動中にこれらの条件を満たしているかを考えさせたり，もしくは授業終盤での本時の振り返りの際に照らし合わせて，自己評価にも使ったりします。下記の写真はそれらの情報活用能力を教室内に掲示した例です。また，一番下の写真は，情報スキルの一覧をラミネートしたものとなっており，各教科でタブレット活用（特に，「調べる・まとめる・表現する・伝える」といった活動）の際には，これを参照しながら，活動を進めていきます。

学習指導要領上での「情報活用能力の」の位置づけは，「学習の基盤」であり，「育成すべき資質・能力」であると定められています。このような，掲示物等の工夫によって，指導者及び児童生徒の両者への意識づけをおこない，自己評価していけるようになることはGIGAスクール構想の趣旨に叶った，極めて重要なポイントだといえます。

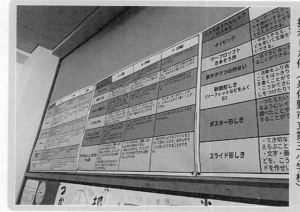

◀情報活用能力のルーブリックを教室内に掲示した例（泉佐野市立第三小学校）

◀ラミネートされた情報活用のルーブリック表を授業中に参照している例（和歌山市立小倉小学校）

廊下に机を置くだけの「個別学習スペース」

課題

　タブレットを用いた学習活動をおこなっていると，児童が「静かな環境」を求める場面や，「一人で集中したい」といった要望が出される場合があります。前者は，ナレーションを録音したいときや動画を編集したいとき，また後者は，映像番組を集中して視聴したり，学習アプリのタイムトライアルをしたりする場面など多岐に渡ります。

リノベーション

　廊下の空きスペースに余っている机を置くだけという手軽な方法で，児童生徒の学習スペースを拡充してみてはいかがでしょうか。机や椅子を１つ置くだけで，廊下は単なる移動ルートではなく，学習スペースとして機能するようになります。

廊下に学習スペースを用意する

　授業中は，廊下はほとんど使われていないスペースであり，逆にいえば，授業中に静寂な空間として利用できるとも考えられます。そこで，廊下に机・椅子等を設置することで，教室外の学習スペースとして個別学習・個別作業スペースとして活用している事例（泉佐野市立第三小学校）を取り上げてみたいと思います。

　なお，廊下への什器の設置については，消防法・建築基準法よって定められたスペースを確保しなければなりません。特に，避難経路の確保という面

では，児童生徒の往来の邪魔になるような物は置けませんので，十分考慮した上で進めて下さい。

1 ナレーションの録音や動画の編集時の利用

▲廊下に置かれたデスク上で映像編集をしている児童の様子

　上の写真は，教室前の廊下にデスクのみを設置した例です。もともと，長時間の利用は想定していないために簡易的な学習スペースと捉えます。このように，廊下に設置されたデスクでは，タブレット端末を持ち出して，特に静寂な環境で視聴したい映像がある場合や，録音・録画をおこなう場合にも

使用できます。静かな環境で映像を視聴したい場合や短いナレーションを録音したい場合にもよく使用されます。例えば，自分が書いた作文をはじめ，詩・俳句・短歌等にナレーションをつける場合など，周りの音が入り込むのが気になるときにサッと教室を出て録音し，また教室に戻るといった使い方になります。

▲死角エリアに置かれたデスク上で映像編集をしている児童の様子

前ページの写真は，廊下の隅や柱の陰に机を設置した例です。こういった死角スペースは，児童にとっては，逆に集中できるスペースとなります。また，録音を恥ずかしがる児童（失敗すると笑われるのを嫌う児童）にとっても，落ち着いて作業のできるエリアとなります。

アイデア

2 個別学習「集中スペース」としての利用

◀ 渡り廊下などの通路を学習スペースとした例

　両サイドを個別の学習スペースとして使えるようにした例です。教室から離れた渡り廊下にあるため，多少大きな音を出しても構わないエリアになっています。例えば，映像に BGM をつけるために選曲する場合や，ペアでの英会話を録音する場合などにも重宝されます。

　こういったスペースの有効性を理解した児童は，自らの判断で，主体的に学習をおこなえるようになります。プレゼンの練習をしたり，ビブリオバトル・ディベート等で手の内を他の児童生徒や他のグループに見せたくない場合などもここにきて事前に練習をすることもあります。

※なお，学校の廊下にデスクやイス等を設置する場合に，消防法では幅1.8m の通路スペースの確保が必要と定められていますので注意が必要です。（両側に部屋がある場合は2.3m が必要となります。詳しくは，建築基準法施行令第119条をご参照下さい。）

◀低い椅子・移動し
やすい椅子を設置
した例

　椅子やベンチだけを置いて，膝の上でタブレットを操作するような場所は，少しリラックスして使用したい場合に利用されます。特に，低学年の児童には座りやすくなっています。椅子は，移動できるために向かい合って簡単な打ち合わせやペア学習にも使うことができます。

　なお，背面の壁を背景に自己PR動画や朗読場面を撮影する場合などにも用途が広がります。先にも書きましたが，プレゼンの打ち合わせ・練習や，ディベート等で発表内容を他の班に秘密にしたい場合なども，こういった分散スペースは有効的に機能します。

　これらの教室外の学習スペースの利用は，児童のタブレット活用の学習活動が活性化していく中で，その必要性に駆られて行われるようになってきました。「もっといい音質のナレーションを吹き込みたい・残しておきたい」，「もっと高品質の映像番組を作りたい」という創作面での意欲の高まりは特に大きなきっかけとなりました。

　ただし，このような分散しての活動をおこなった場合に，児童が果たしてきちんと学習しているのか，時間通りに戻ってくるのかといった懸念が生じることも確かです。まずは，学習効果はさておき，「学び方を学ぶ」ための時間を確保し，児童を信用し，目的意識を持って活動できたこと，主体的に学習できたことを褒めることから始めてみることも重要ではないかと思います。

スキマ時間を有効活用できる
「コンピュータ教室のパソコン再利用・分散配置」

課題

　GIGA スクール構想によるタブレット1人1台端末環境によって，コンピュータ教室の PC が使われなくなったり，撤去されたりしているとの話を聞きます。デスクトップ型の PC では，メモリーの増設やハードディスクの SSD への換装等でまだまだ使えるものも少なくありません。こういった PC をうまく再利用する手立てはないでしょうか。

リノベーション

　例えば，旧 PC を校舎内の空きスペースに分散配置し，用途を限定して再利用する手立てがあります。その際には，PDF 化された学習プリントを保存しておいて，その場で必要に応じて印刷できる環境も設営します。児童生徒は，スキマ時間や補習，自主学習等で活用します。

個別学習の多様なニーズ

　学校では，学年・教科・単元別に学習プリントを入れている書類棚（レターケース・フロアケース等）をよく見かけます。ただし，それらを分類・補充するなど，日々の運用には結構手間がかかるのではないかと思います。また，棚の数にも限りがありますので，内容も厳選しておく必要があります。そこで，使われなくなった PC を職員室前や各階・学年などに設置して，PDF 化された学習プリントを，児童生徒の個別の学習ニーズによって，各自で印刷できる環境を整えてみてはいかがでしょうか。今や，インターネッ

トには，無料でダウンロード・印刷可能な，高品質の学習プリントが無数に存在しますので，そういったリンク集を作っておくと，児童生徒も楽しみながら，自分にあったものを選ぶことができます。

アイデア
「スキマ時間」における個別プリント学習での活用

この写真は，職員室前に設置された学習プリント印刷用のPCとプリンタ，自主学習のスペースを写したものです（和歌山県有田市内中学校）。ここは，主にスクールバスや送迎待ちの時間などでの「スキマ時間」で利用されることが多いようです。

各種のPDF化された教員自作の学習プリントが保存されているほかに，インターネットからダウンロード可能な各種学習プリントへのリンクが開けるように工夫されています。スペックはそれ程高くないPCですが，これぐらいの用途であれば充分可能です。

奥側に自主学習デスクがあるため，印刷したプリントをそこですぐに解答することも可能です。先生に答え合わせをお願いする場合は，直接職員室に持っていってもいいのですが，「採点依頼箱」に投函すれば，担当の先生が翌朝までに採点してくれるようになっています。

最近では，市販品にも勝るような高品質かつ学習意欲を掻き立てるような学習プリントがネットで無償提供されています。それらのサンプルを提示したり，現在の学習単元に該当する各種プリントへのリンクなどを更新しておけばより活用が進むと思われます。

プリントアウト＆スキャンもできる
「印刷スペース」

課題

　これまで，コンピュータ教室でおこなっていたポスターやチラシ，新聞，スライド作成等が，タブレット1人1台端末環境となって，普通教室の自分の机上で簡単にできるようになってきました。しかしながら，これらの創作物は，印刷したものを掲示したり，印刷物として自宅に持ち帰りたいという要求が出てきます。GIGA スクール構想で導入されたタブレットでは，コンピュータ室に以前からあったプリンターでは印刷できないこともあり，それらの手間やコストは膨大なものとなります。

リノベーション

　教室に隣接した場所に，タブレットから直接印刷できる環境を準備します。印刷した後に並べて検討したり，模造紙に貼り替えたり，それをもとに冊子を作成したりなど，一定の作業のできるワークスペースも準備しましょう。また，印刷環境とともに，可能なら「スキャン」もできる環境を整えておくと，紙媒体のデジタル化用途も広がります。

児童の主体性を高め，教員の負担を減らすための印刷環境の構築へ

　GIGA スクール構想において，印刷環境の導入が行われた学校はそれほど多くはありません。多くの学校では，教員が児童生徒が保存したファイルをその都度印刷している状況です。これでは，教員側の負担が大きくなるだけですし，児童生徒の主体的な活動にもつながりません。児童生徒の判断で印

刷し，自らその印刷物を掲示・加工したり，それらを使って発表できるような環境を構築することが重要です。

アイデア
教室の隣接環境に印刷環境とワークスペースを構築

タブレットから直接印刷できるプリンターを教室の隣接エリアに配置し，児童生徒がプリントアウトできるようにしておきます。ADF 機能付きのプリンターなら，各種ワークシートやコメントカード等を連続スキャンして，クラウドで共有したり，タブレットへ PDF 形式で取り込ん

だりすることも可能です。手書きのドキュメントを，隙間時間にデジタル化して保存することで，指導者の負担を減らすことにもつながります。また，上の写真の右側には，印刷物を貼り付けるための移動式ホワイトボードが見えます。ここに印刷したものを掲示するなどの指示を与えておけば，より指導者の負担減につながります。

また，プリンター近くには，印刷物を並べたり，模造紙上で印刷物をつなぎ合わせたり，ボードに貼り付けるなど，印刷物を加工・掲示できるような役割を持たせたエリア（右下写真）を設けると発信活動がスムーズに進みます。右下の写真では，イーゼル式のボードの上部に，タブレットを固定できる部分を設けており，印刷物と組み合わせて，音声や映像などをここで再生しながら発表できるようにしています。

壁前スペースを有効活用した 「プレゼンブース」

　児童生徒のプレゼンテーションの機会を増やしたいという要望が各学年から出されていますが，そのための空き教室の確保ができないといった事情を抱える学校もあります。校舎内には，オープンスペースもなく，多目的室は学年の集会にも対応するために，できるだけ広いスペースを開けておく必要があり，改修もできません。どうにかして予算をかけずに，既存の施設・備品を利用してプレゼンブースを構築したい場合，どうすればいいのでしょうか。

リノベーション

　この場合，廊下や多目的室の「壁前のスペース」を利用してみてはいかがでしょうか。校内で眠っているディスプレイや旧式のプロジェクターでも，短い距離では充分な明るさで投影できますので，そのような機器と組み合わせることで，壁前のスペースをプレゼンテーションブースにアップグレードさせることが可能です。

「壁前のスペース」を有効利用することでプレゼンブースを構築

　校舎内の限られたスペースを有効活用する１つの事例として，この壁面・壁前のリノベーションは，どの学校でも検討できる方法ではないかと思います。ポスターセッションを想定すれば，「立ったままで発表して立ったままで聞く」のが通常であり，最小限の工夫で「プレゼンブース」を構築できる

こととなります。ここでは，廊下の壁面を利用した事例と，多目的室の比較的余裕のあるスペースを利用した事例を紹介します。

アイデア
1 廊下の壁面を利用したプレゼンブース

　左上の写真は，廊下の壁面に２連のホワイトボードを取り付けた例です。右上は，同じ場所に移動式パーティションを設置した様子ですが，パーティションを増やすことでこの場だけで４人程度が同時に発表することが可能です。掲示物や模造紙をホワイトボードに貼れば，ポスターセッションスペースとしてすぐに使えますが，プロジェクターを設置すればタブレットの画面を投影することも可能です。（大阪府泉佐野市立第三小学校）

アイデア
2 多目的室の壁面を利用したプレゼンブース

　右の写真は，大阪市立滝川小学校の多目的室の様子です。長机の上にPC用のディスプレイを置いて，タブレットを直接つなげられるようにしており，即席のPCプレゼンブースにもなります。椅子をその前に配置することもできますし，床面はそのまま座れるようになっています。

グループ学習や個別学習に対応した「空き教室改装」

課題

　タブレット1人1台端末環境では，「調べ学習」の利便性が増し，プレゼンテーションスライドの作成やその発表場面がよくみられるようになりました。個々が作成したスライドをグループ内で発表・相互評価したり，グループで話し合いながら協働的にスライドを作成する場面が日常化したといえます。一方で，通常の教室ではタブレットを活用したグループ協議やプレゼンのやりづらさも露呈してきました。

リノベーション

　こうした学習場面をより効果的におこなうために，空き教室を利用して「グループ学習用に特化した部屋」を構築した事例を取り上げます。グループ内での話し合いに集中して取り組むことができ，グループ内でのプレゼンテーションも円滑におこなえるため，より一層の協働的な学びの促進につながります。

グループ活動に特化した部屋のニーズとその構築方法

　タブレット1人1台端末環境では，学級内での「調べ学習」が活発におこなわれるようになってきました。インターネットで調べたことをスライドでまとめたり，学級で共有された社会見学や地域学習の写真を使ってスライドを作成したりといった学習活動は日常的におこなわれています。児童生徒のネット検索の技能向上，スライド編集等の操作スキルも飛躍的に向上したと

いえます。しかしながら，
「伝える・発表する場面」
は，なかなか思うようには
うまくいきません。右は，
グループ内でのミニプレゼ
ンの様子ですが，画面が小
さく，細かい文字やグラフ
資料などは視認できません。
発表者自身も，画面を逆に
見ないといけないし，いわ

▲従来の学級内プレゼンの様子

ゆる「発表者モード」が使えないため，「プレゼンメモ」をみながらしゃべ
ることもできません。

　また，教室内では他のグループの発表時の声が響き渡ります。声を張り上
げれば，余計に教室全体で発表者の声が錯綜してしまいます。

　こういった問題に対応するため，グループ学習やグループ内プレゼンに特
化した部屋を構築した大阪市立滝川小学校の事例を取り上げます。

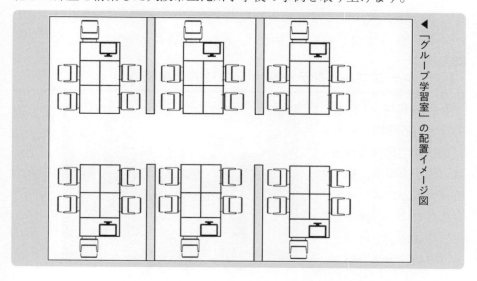

◀「グループ学習室」の配置イメージ図

空き教室を利用し，教室用の机をグループ形態として並べ，そこにPC用ディスプレイを設置します。グループ間にはパーティションを設置することで，話し合いや発表時に他のグループの声が気にならなくなります。学校にある既存の什器・機器類だけで構築できる場合もありますが，前頁の図では，パーティションとPC用ディスプレイは購入しています。

　この部屋の構築においては，このパーティションとPC用ディスプレイの設置がポイントとなります。パーティションによって空間を分けることで，当然ながら他の班の声や視界が遮られますが，これによって，「目の前の班員の発言に集中することができるようになった」「ささやくような声でも聞き取りやすい」と児童にも好評です。また，ディベートやビブリオバトルなど，発表時まで手の内を他の班に見られたくない場合にも有効です。

　PC用ディスプレイは27インチ程度あれば，概ねグループ内での視認には問題ありません。個人のタブレットをディスプレイに接続することで，プレゼンテーションの練習も本番さながらにできるようになります。ただ，頻繁にタブレットとの接続を抜き差しすると端子部分が傷んでくるとの報告もあるため，ワイヤレスで画面を転送する装置（Miracast等の安価なもの）をつけておくのが好ましいといえます。グループ内のブースに余裕があれば，ミニホワイトボードを設置するなどすれば，検討・協議もやりやすくなるでしょう。

アイデア
1　グループプレゼンテーションエリアの構築

　右の写真は，「総合的な学習の時間」において，修学旅行先の地域の様子を事前に調べ，テーマごとにスライドに作成している様子です。発表場面では，グループの代表者が学級

◀グループ内でのプレゼン練習の様子

全体の前でおこなうのですが，その練習をグループ内でしっかりとやっておくことができます。

2 学級全体でのプレゼンテーションエリアの確保

　グループでのプレゼンテーションに特化した部屋ではありますが，パーティションの配置を工夫することで，全体での説明をおこなうエリアや学級全体へのプレゼンテーションもできるようにしています。児童の人数やグループの数に応じて柔軟に再構築できるのがポイントです。移動式のパーティションにしておけば，児童自身で学習空間をコーディネイトしていけます。

▲全体での発表スペースを確保した配置の例

グループ学習や個別学習に対応した 「コンピュータ教室改装」

課題

　現在，コンピュータ教室の今後の役割が議論になっています。そんな折に，国の方針としてはコンピュータ教室を維持・発展させ，タブレットではできないような高度な情報処理のできる場として，STEAM 教育等の推進に使いたいといった方向性が示されています。しかしながら，そのための予算措置があるわけではありません。

リノベーション

　コンピュータ教室のデスク配置を変更したり，モニター類を設置したりして，グループワークのできるスペースに改装します。現状では，タブレット端末をコンピュータ教室に持参して活用することが現実的だといえますので，その前提で改装をおこないます。校内で使用頻度が少なくなったプロジェクターや，PC のモニターを各グループで使用できるようにするのが特徴です。まだ使える PC があればグループに 1 台は常設しておけるといいでしょう。

予算をかけずにコンピュータ教室をグループワークスペースに

　GIGA スクール構想で各教室に電子黒板もしくは大型ディスプレイが導入されたために，今まで教室に持ち運んで使っていた移動式のプロジェクターがあまり使用されなくなっていることが多いようです。また，コンピュータ教室にはリース切れもしくは更新予算がつかないために，PC 本体やモニターが

残っている場合もあるようです。PC本体は古いOSであることもあり，使用し続けるのはセキュリティ面でも問題がありますが，モニターはまだまだ使える場合が多いといえます。そこで，タブレットとモニター接続の変換ケーブルさえ入手できれば，コンピュータ教室をグループワークやワークエリアを広く確保できる個別学習のスペースにリノベーションすることが可能です。

なお，中学校では，技術・家庭科の技術分野（D情報の技術）においてプログラミングが必修となっていますので，計測・制御にセンサーを利用したり，プログラミングキットを活用する機会が増えています。この際には，試行錯誤の場面が多くあったり，グループワークが重視されたりしています。以前の整然としたコンピュータ教室よりも，むしろ，グループ活動を重視した下記の事例のような配置が効果的ではないかとも考えられます。

アイデア
1 コンピュータ教室に既存のプロジェクターやディスプレイを設置

◀田辺市立明洋中学校のコンピュータ教室。使用されなくなっていたディスプレイをグループごとに設置してタブレット画面を出力できるようにしている。

　上の写真は，コンピュータ教室のデスクをグループワークができるように対面形式に並べ替えています。比較的大きめのデスクスペースとなっており，

タブレット以外にも様々な資料を並べて作業できます。地図や模造紙なども広げられるため，タブレットを使用しないグループ作業にも適用できます。

　プロジェクターも2台設置することで，投映画面の視認性が良くなり，細かい操作説明がやりやすくなりましたし，プレゼンテーションの練習も2グループ並行して実施できるようにもなっています。

　また，各デスクにはモニターが1台ずつ設置されています。このモニターには生徒用タブレットを接続できるようにして，資料を共有しながらグループワークを進められるようにしています。ここでグループプレゼンの確認をおこなったり，プレゼンソフトの「2画面モード（発表モード）」を実際に試しながら練習できるようになっています。特に，この「発表モード」は，実際に外部ディスプレイに接続しないと機能せず，この場でなければ練習ができないため，貴重な機会となります。

2　コンピュータ教室を多目的スペースにしてタブレット持参で活用

◀コンピュータ教室のデスクを壁側に設置し直し，中央の空間をあけた例（和歌山大学教育学部附属小学校）

　コンピュータ教室の床は絨毯になっている場合が多いので，できるだけ中

央の空間をあけた配置にします。これによって，児童生徒は，座り込んでど
こででもタブレットが使えるようになります。

　落ち着いて作業したい場合は，壁面に向かったデスクを使用しますが，
「ちゃぶ台」のような低いデスクがあれば，タブレットを置きながら，紙芝
居風に発表していくことも可能です。イーゼルのような移動式ボードがあれ
ば，そこにタブレットを置き，自作ポスターなどとともに発表することもで
きます。

　また，自走式のプログラミングキットを利用する場合なども，この空間が
役立ちます。もちろん，模造紙などを広げて，みんなで囲んで書き進めてい
くこともできますので，アナログ的な活動とデジタルを組み合わせた学習形
態も見込まれます。

　現在，使われなくなった小学校のコンピュータ教室の有効利用が検討され
ていますので，敢えて何も設置せずに，フリーな空間として，必要に応じて家
具を配置するなど，柔軟な活用を見出すという手もあるのではないでしょうか。

◀コンピュータ教室のデスク配置を見直し整備した例。窓側
は個別学習スペースとしても使えますし，中央部分は，向
かい合っての協議・討議（ディベート）のスペースとして
も利用できます。（紀の川市立東貴志小学校）

コンピュータ教室が生まれ変わる「デジタルラボ・ファブ」

課題

　1人1台端末環境の整備によって，これまでコンピュータ教室で行ってきた学習活動は，普通教室等でも可能になることから，異なる発想でコンピュータ教室を整備する必要があります。

リノベーション

　一斉指導用に同じコンピュータを整備するのではなく，GIGA端末の性能では難しい動画編集やDTPなど，高性能なPCと作業のしやすい大型ディスプレイやプログラミングロボット等の先端機器を揃えたラボのような機能をもたせてみましょう。

一斉に同じことをするコンピュータ教室は不要

　これまでのコンピュータ教室は，主に授業支援システムを利用して一斉に同じ活用を行うか，調べ学習等で検索を行うなどの活用が多かったのではないでしょうか。1人1台の端末が整備されたことによって，こうした活動は普通教室等でも可能になりました。

　そこで，これまでのコンピュータ教室の使い方を改め，プログラミングロボットを実際に動かしたり，動画編集やDTPなどがおこなえる「デジタル工房」のようなスペースをイメージしてみましょう。高性能なPCと作業のしやすい大型ディスプレイを整備して，個人やグループで活動する場や，教師が複数の端末やディスプレイを活用して効率的に作業を行なったりする場

としてリノベーションをします。

　これまでのように，同じ端末を並べるのではなく，こうした多様な活用に対応したラボのような空間を学校内に整備することで，学習環境の充実を図り，児童生徒の創作意欲を掻き立てていきましょう。

アイデア

1　プレゼンテーション＆グループワークスペースの構築

▲コンピュータ教室をグループワークを重視した配置に改装（紀美野町立野上小学校）

　この写真は，コンピュータ教室を改装して，グループ内協議やプレゼンテーションの実施を重視したラボと設定した事例です。パーティションは，移動式で撤去することもできますが，両面がホワイトボードになっており，グループ内での活動の記録やアイデアなどをメモしていくことも可能です。また，前方には移動式ホワイトボードもあり，教室に移動させることも可能です。前方には壁面に「ペーパースクリーン」を貼り付けており，ここにプロジェクター画面を投影して大型のスクリーンとしても使えるようにしています。さらに，各グループにはプログラミングキットをはじめ，AR地球儀なども配備されています。これらのキットやデジタル教具類は，鍵のかかる棚などに「保管」しておくと，どうしても使われなくなってしまいます。いつでも使えるように，場合によっては，児童生徒だけでも使えるように「常

備」（スタンバイ）しておくことが重要です。物品管理上の懸念はありますが，それらが学びの阻害要因にならないよう，「そこにいけば使える・学べる」といった環境を整えておくことが理想です。

2 プログラミングキットや3Dプリンタも使えるラボの構築

プログラミングキットをはじめ各種ICT機器を児童生徒が自由に使える「ラボ（Lab）」あるいは，3Dプリンタ等の利用も想定した工房＝「ファブ（Fab）」を構築してみましょう。

右上の写真は，休憩時間にプログラミングキットを操作している様子ですが，生徒自身でマニュアルを読み解きながら進めています。授業時間で実施した内容よりも，更に高度な操作に挑戦しているところです。こういったキットの組立や収納方法に長けた生徒が多くなれば，図書委員と同様に，「PCラボ委員」のような役割を与えて，これらの管理を生徒に任せるようにしたいものです。

▲自主的に進められるようマニュアルや解説書を常備

右下の写真は，ドローンを離陸させようとしている児童の様子です。飛行プログラム自体は個人のタブレットにて授業中に作成しています。しかし，ドローンのキット数が限られているため，実際に飛行させる際には，ラボ内にて順番におこなっていきます。次頁右上の写真は，3Dプリンタでモデリングデータを出力している生徒の様子です。3Dプリンタもや

▲ドローンを机上から離陸させるプログラムを実行している様子

はり多くの台数を揃えられるわけではありませんし，作品の出力には非常に時間がかかります。そこで，ラボ内に設置した3Dプリンタで，登校後に生

徒自身で出力しておくように指示をすれば，少ない台数を有効的に活用できます。

▲３Ｄプリンタでの出力の様子

また，下記のようなプログラミングに使用するコマンド一覧（左下写真）もラボ内には常時掲示しておけます。さらに，プログラミングキット（ボール型ロボット）を走らせるコース（右下写真）をフロアに敷き詰めておくこともできます。これらの室内の様子を見るだけでも学習意欲が喚起されてくるはずです。

▲コマンドの説明の掲示物

▲ロボットキットの走行コース

以上のような「空間」（ラボ・ファブ）と自主的な活動を支援する「仕掛け」（機器のスタンバイ，操作マニュアル，説明掲示物，各種キットの開封・片付けの決まり等）によって，児童生徒の創作的な意欲が高まることは確かです。授業の枠に縛られない自由な発想で取り組むことで，問題解決的な姿勢も育まれることでしょう。なお，ラボでは学年を超えた交流もおこなわれ，リーダー格となった児童生徒が下級生への"指導者"としても成長して行く様子も見られます。

グループ学習や個別学習に対応した 「学校図書館内スペース」

課題

　学校図書館には，読書センター・学習センター・情報センターの３つの機能が求められています。文部科学省の「学校図書館の現状に関する調査」によれば，年々，小・中学校における蔵書冊数が増えており，読書センターとしての機能は充実してきたように思います。しかしながら，学習センター・情報センターとしての機能を充実させるためには，大掛かりな施設整備の改修・什器類購入の必要もあり，なかなか着手できていないのが現状です。

リノベーション

　まずは，学校図書館内にグループで学習できるスペースを確保し，机上では書籍や資料類，タブレット等を並べて活用できるのが理想です。また，学校図書館内に１学級分の児童生徒が全員着席できるスペースがあれば，自ずと学習・情報センターとしての活用も進みます。

GIGA スクール構想でむしろ見直される学校図書館の価値

　静かに本を読む場所というイメージの強い学校図書館を，児童生徒がアクティブに調べ活動をする場・情報を作り出したり発信していく場に変えていくのがここでの事例の特徴です。

　インターネットで調べれば，あらゆる情報が入手できるようになったとはいえ，検索されてくる情報は玉石混交であり，発達段階にそぐわない場合も

多々あります。だからこそ，学校図書館の「学習・情報センター」の存在価値として，「児童生徒を対象とした精選された書籍」が揃えられていることや，出版されている信憑性の高い情報が入手できる場であることが重要だといえます。

　ただし，テーマが決まっている調べ学習の場合，どうしても資料・図鑑・書籍等の冊数が不足しますので，グループで共同利用できるようなスペースが必要となってきます。調べるだけではなくて，模造紙や各種ボード類にまとめたりする机上スペースも必要となります。なお，希少・貴重な資料・書籍の場合，室外に持ち出さず，室内での利用に留めておくためにも，学校図書館内のワークスペースは必要だといえます。

　可能であれば，1学級分の児童生徒が着席でき，学校図書館を拠点とした授業が実施できるようなスペースを確保したいものです。

アイデア

1　グループワーク・個別学習のできるスペースを確保する

◀グループワーク・ペアワーク等の学習スペースが確保されている（和歌山県田辺市立大塔中学校）

　今や，多くの学校図書館でグループワークのできる机が確保されている様子がみられるようになりました。上の写真からは，中央に最大12人までのグループに対応できるデスクが置かれ，対面での協議もできるようになっている様子がわかります。3人グループで4つの班が同時利用もできますし，こ

こにタブレット端末を持ち込み，図書の資料とインターネットの資料を見比べながら，ノートにまとめていくような活動にも対応できます。また，ペアで活動できるデスクや，一人で本を集中して読める場所，リラックスできる空間等，多様なスペースも設けられていて，個々の読書スタイルに合う使い方ができるようになっています。

アイデア
2 1学級分の授業スペースを確保する

◀1学級分のスペースが確保され電子黒板やホワイトボードも設置された学校図書館（大阪市立昭和中学校）

上の写真は，1学級分の生徒が着席できるようにした図書室の事例です。電子黒板やホワイトボードも設置されており，このような提示環境を整えることで，通常の授業も実施可能です。もちろん，一斉読書や辞典・図鑑等の図書資料を活用した授業を想定していますが，タブレットを持参して，インターネットの情報と文献とで併用して調べたり，双方の情報を比較したりする場合などにも使い勝手がいいといえます。

いずれにせよ，長時間の一斉授業形態は想定していませんので，デスクの配置はグループ学習の形式を基本としています。

なお，学習指導要領において学習の基盤となる資質・能力に位置づけられた「情報活用能力」の育成や学び方を学ぶといった意図も込められています。

また，学校図書館を授業で全員が利用する機会を持つことで，普段はあま

り学校図書館に足を踏み入れない児童生徒にとっての効果もあります。授業中に学習・情報センターとして使うことで，どのような蔵書・資料があるのかを目にし，読書センターとしての利用も促進されたというケースです。学びのプロセスや利用意識向上のきっかけにも個人差がありますので，学校図書館＝読書センターがはじまりであり主軸であるといった固定観念は払拭せねばならないかもしれません。

アイデア

3 学校図書館の書籍をグループワークエリアに移動

◀廊下に設置されたテーマを限定した図書資料棚
（泉佐野市立第三小学校）

児童が選んで来た資料や書籍▶
を学年で共有し，授業時に利
用する。（泉南市立一丘小学校）

学校図書館内にグループワークスペースを作るのではなくて，グループワークのできる多目的室やオープンスペースもしくは教室周辺に，学校図書館の資料・書籍類を移動させるといった使い方も考えられます。その都度，学習テーマに沿った書籍を選定するのは手間がかかるかもしれませんが，範囲が限定されている分，スムーズな学習展開が見込まれます。また，児童が選んできた書籍を，学年共有の廊下スペースなどに置き，授業時に共有して利用すれば，指導者側の負担は小さくなります。

他教科等のグループ学習・個別学習での
特別教室活用

 課題

多様な学習ニーズ（個別学習，グループ協議，ディベート，デジタル作品の共同制作等）に対応するために，児童生徒のニーズに応じて，教室以外の場所でも学習を進められるようにしたいと考えています。校内ですぐに利用可能な学習スペースとしては特別教室があげられますが，そこではあまりタブレットを使用している場面を見たことがありません。特別教室を有効利用するためにはどのような工夫や手立てが必要なのでしょうか。

リノベーション

特に大きなリノベーションは必要ありませんが，大型ディスプレイやプロジェクターなどの提示機器の常設は必須といえるでしょう。また，タブレットの持ち運び時の注意点，ホームルーム教室に戻る時間，分散学習時の連絡手段（テレビ会議の常時オンライン化やチャット等での定期連絡等）の取り決めなどは事前にしておく必要があります。

ホームルーム教室を拠点に特別教室との分散・併用利用を模索

特別教室に全員で移動するのではなく，ホームルーム教室を拠点として，それぞれの学習ニーズに応じて，適した場所を自ら選択し，分散して学習できるようになることが理想です。独学・ペア・グループ等のそれぞれの形態で学んだことをしっかりと書き留めておき，主体的に学べたことそれ自体を

評価するような手立ても必要だといえるでしょう。

1 特別教室を用いて多様な学習形態に対応

児童用ホワイトボード

プリンター複合機

大型ディスプレイ

▲図工室を多機能化した事例（泉佐野市立第三小学校）

　この写真は図工室でのタブレット端末活用の場面です。このシーンには，個別に学習したい児童とペアで相談しながら学習を進めたい児童が写っています。特別教室では広い机上スペースが使用できること，比較的静かな環境で使用できることから，こういった自主的な活動に向いているといえます。

　また，この写真の教室には，壁面にホワイトボード2面，大型のディスプレイが設置されています。グループごとに着席し，このホワイトボードに話し合いの内容を書いたり，ディスプレイにタブレットの画面を投影しながらグループ協議を進めることも可能です。通常の教室でスライドを作成し，早くできた児童はここに来て，プレゼンの練習をしたり，お互いに評価するなどしてブラッシュアップを図るといった使い方も想定されます。

　さらに，ディスプレイの横にはプリンター複合機も設置されていて，必要に応じて使用できます。例えば，発表台本やポートフォリオとして綴じておきたい資料等など，個人が紙媒体で持っておきたい場合などに利用しています。

2 デジタルサイネージ（電子看板方式）としての利用

▲電子看板方式での発表と視聴の様子

　この写真は，特別教室のデスクにタブレットを配置して，自動プレゼンテーション形式（電子看板方式）で発表をおこなっている様子です。ナレーションを入れたプレゼンテーションスライドをループ再生しています。例えば，総合的な学習の時間における学年全体での取り組みの場合に，学級を越えて同じテーマのプレゼンを同じテーブルに集めるといったことも可能です。参観者は，各特別教室を自由に巡回しますので，足を止めて見てもらうためには，ハキハキした喋り方やスライドの見た目のインパクトも必要です。校内の特別教室を複数使えば，ナレーションの声が重ならない程度のスペースを確保できますので，学年一斉での発表なども可能かもしれません。

　なお，付箋を用意しておいて，スライド内容に関するコメントや評価を書いて，画面の横やデスク上に貼り付けるといった指示をしておけば，発表者の励みにもなります。

3 子ども一人ひとりの活動場所を把握し連絡できるようにする

　多様な学習環境の構築によって，子ども達の活動場所も普通教室内に留まらず，校内のあちこちで活動するようになると教師が全員の活動状況を把握するのが難しくなってきます。教室と特別教室に分散して学習している場合

は，相互の教室の連絡手段をタブレットを通して確保しておくことが重要だといえます。教師がすべての子どもの活動場所を把握する必要が生じる場合，クラウド上の共有ノート等を用意して，履歴も残るようにするという方法もあります。教師は，子どもの活動場所を把握すると同時に，その子に合った学びの場（空間）に気づくことができるかもしれません。

　タブレットでミーティングシステムを起動させておき，チャット等で連絡する，タイマーを設定しておいて時間になったらホームルーム教室に戻るといった取り決めをしておくことも考えられます。下図は，デジタル共有ノートを用いて，授業連絡のカードを児童機に送り，各班の代表者が状況を返信している様子です。各班の進捗状況の共有も兼ねています。

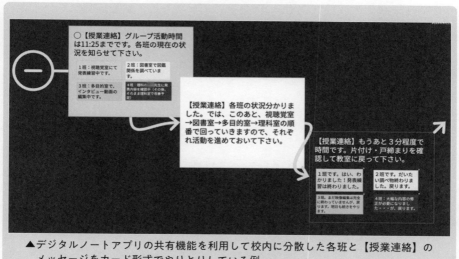

▲デジタルノートアプリの共有機能を利用して校内に分散した各班と【授業連絡】のメッセージをカード形式でやりとりしている例

リモート授業に対応した教室

課題

　コロナ禍で一気に広がりをみせたリモート授業ですが，学校から家庭への授業の配信だけではなく，小規模な学校同士をつないでの学校間交流の活性化，気候や地理的特色を持った地域間の交流，専門家によるリモート講義などでの利用も進みました。また，教員による映像教材の作成や授業映像の収録技術も高まり，オンデマンドで配信し続けている学校もあります。しかしながら，このリモート授業環境や映像収録環境を，その都度構築することが面倒になったり，カメラアングル・マイクレベルの設定など，セッティングに手間がかかったりするのが難点です。

リノベーション

　リモート授業用の教室やスペースを確保し，思いたった時にいつでも実践できるように「常設」を心がけましょう。リモート授業の大前提は，相手の表情が見えやすく，クリアな音声での交流ができることです。そのために，ライトの常設や集音マイク，卓上名札などを揃え，ベストな状態で，いつでも活用できるようにしておきましょう。

リモート授業環境の常設で手間とトラブルを軽減する

　リモート授業をおこなう際には，残響やハウリングが起こらないか，逆光にならないか，板書等の文字は見えるか等，事前に確認しておかなければならないことが多くあります。聞きづらいリモート授業は，ストレスや疲労を

参考：令和2年度文部科学省委託「遠隔教育システムの効果的な活用に関する実証」遠隔教育システム活用ガイドブック　第3版（株式会社内田洋行　教育総合研究所，2021年3月）

生じやすく，相手の表情が見えづらいと臨場感の乏しい授業になりがちです。これらの調整の手間を省き，トラブルを生じさせないためにも，常設されたリモート授業の配信環境は必要だといえます。

アイデア
1 リモート授業のための常設環境をつくる

　右の写真は，3方向からのライトやビデオカメラ，キャプチャー用のビデオカメラが設置されているリモート配信専用スペースの様子です。この場合，HDMIキャプチャー装置等が必要ですが，ビデオカメラを操

▲リモート講義の配信スペース（和歌山大学教育学部附属小学校）

作すれば，人物を拡大したりアングルを変更したりするなど，高品質な配信が可能となります。

　可能なら，通常の教室内の電子黒板とは別に，テレビ会議専用のディスプレイを設けておきましょう。画面の切り替えなどの混乱がなく授業が進められます。また，カメラ映像と実物投影機も切り替えできるようにしておくと，ワークシートやノートの共有，生き物・植物等の画像を直接配信することも可能になります。下の写真の学校では，双方の学校で2台ずつのタブレット

を使うことで，学校間交流の相手校の板書（左側の画面）と相手校の学級の様子（右側の画面）が同時に映し出すことができ，より臨場感のある「遠隔合同授業」が実施されています。

▲テレビ会議専用ディスプレイを用いた遠隔合同授業の様子（田辺市立中山路小学校）

空きスペースでつくる
「簡易収録スタジオ」「映像収録用スペース」

課題

　GIGA スクール構想によって，児童生徒が映像を撮影したり，編集したりといった機会が増えました。特に小学校では，ニュース番組を作るといった単元が社会科にあったり，総合的な学習の時間に地域を見学して，その取材映像を編集したりするなど，動画制作のニーズが高いといえます。しかしながら，本物の映像番組に近づけるためには，静寂な環境でのナレーションの録音や「番組スタジオ」での解説者コメントの収録等が必要となります。

リノベーション

　空き教室，もしくは空きスペースを利用して，「簡易収録スタジオ」もしくは「映像収録用スペース」を構築します。こうした環境を常設することで多くの授業や行事の場面で利用が促進され，相手にわかりやすく伝えるためにはどうすればいいかといった発信力の育成にもつながります。

GIGA スクール構想で映像制作活動が活性化

　もともと，学校教育現場には，映像番組作成のニーズが潜在していました。ビデオカメラの校内での機材繰り，指導者による編集作業の大変さ，授業時間数の問題等から諦めていたのが実情です。

　しかしながら，GIGA スクール構想にて，児童生徒自身で撮影をおこない，

編集することができるようになったために，一気に映像制作の活動が活性化したといえます。その点では，タブレット端末はそれ1台で，映像の収録・編集・配信のできる優れたマシンといえます。

　なお，映像づくりにおいては，最低限の品質を確保するため，揺れない・ブレない映像と，クリアな音声は必須です。そのために，校内の環境を工夫して，「収録スタジオ」として常時使えるようにしている事例を紹介します。

アイデア
1　映像収録環境の整備

　空き教室を利用した「収録スタジオ」や，校舎の隅や廊下の突き当り等のできるだけ静寂な場所に，収録スペースを構築してみましょう。着目するのは，やはり「高品質な音声」の収録です。音声がクリアに聞こえないと，発表会・上映会は台無しです。

　可能なら，タブレット用三脚やタブレットに接続できる高品質なマイクも揃えておくのが理想的です。また，収録された音声がきちんと録音されているかを聞き直すために，ヘッドセット（できれば耳全体を覆うタイプ）も準備しておきましょう。

◀空き教室を利用した映像収録の様子（大阪市立茨田南小学校）

2 放送室・資料室などを「収録スタジオ」として整備

放送室や各特別教室の準備室もしくは資料室などは，意外に防音効果が高く，普通教室と離れていることが多いため，静寂な環境が保たれている可能性が高いといえます。そのような場所を整備して，児童生徒が利用可能にすることで，収録エリアを拡充していくことができます。

◀放送室を利用して写真にナレーションを吹き込んだり，映像の音声を確認しながら編集したりしている様子（泉佐野市立第三小学校）

3 「背景」を工夫することでスタジオ感が増す！

グリーンバック（ブルーバック）なども準備しておくと，より高度な映像編集が可能になります。例えば，iPad の標準アプリである iMovie では，映像の背景を透明にして他の写真・動画と合成することが容易です。「クロマキー合成」もしくは「オーバーレイ」ともいわれる機能です。また，PinP（ピクチャインピクチャ）という映像に小さな映像を重ねることも可能です（例えば，手話の映像が小さく画面内に入る等）。

四季折々の地域の映像などを準備しておくと，取材レポート映像の解説シ

ーンなどでは，本物感が増します。また，通常の授業への応用としては，「世界遺産の写真を背景にして，教室に居ながらその場のレポートする」といった場面を設定すれば，児童の調べ学習の意欲も高まります。

　これらの環境は，その授業のときだけではなくて，いつも使えるようにしておくことが重要です。児童生徒はその場で遊び半分でレポーターの真似事をするなどして，自然に「伝える力」を向上させていきます。また，「この場合は映像で伝えたい」という発想が児童生徒から出た時に，すぐに収録を開始できるようになります。「校内スタジオの活動の様子」を普段から目にすることで，映像で伝えたいという発想も生まれてくるのだと思います。

▲この場合，背景部分に空の映像を合成すると飛んでいるような表現が可能となる

簡易防音の機能を持たせた 「録音ブース」

課題

　1人1台端末環境によって，映像を個別に視聴したり，自分のタブレットに音声を録音するといった活動が容易にできるようになりました。しかしながら，空き教室がなかったり，使えなかったりする場合，視聴や録音に適した静寂な環境を校内で見つけることは困難です。

リノベーション

　空間をパーティションで分離したり，デスク周りに簡易防音壁をつけたりして，「録音・編集ブース」を構築します。「録音スタジオ」ではなく，個別に利用する用途を想定しています。

意外に幅広い「個別視聴」や「録音」の用途

　国語や外国語で，学習者用デジタル教科書を使用する際に本文朗読機能を児童生徒が個々に利用したり，NHK for School などの教育番組や映像クリップを自分のペースで視聴したりといった場面が多々あります。また，理科実験映像，マット運動の見本や調理方法の手順の確認等，あらゆる学習場面で個々の児童生徒が必要としている映像にアクセスすることもあります。

　ヘッドフォンをつければ，映像・音声ともに快適に視聴できますが，録音の場合は静かな周辺環境が必要となります。例えば，英文スピーチやリコーダーの演奏を録音するといった「課題提出」であれば，ある程度の雑音は我慢できるのですが，電子紙芝居や CM づくり，学校ニュース番組作りなど，

一定の「作品」にナレーションを録音する場合には，クオリティが求められますので，やはり静音環境が必要となります。

アイデア
1 パーティションや仕切板等で簡易防音スペース

左右にパーティションを設置するだけでも，一定の防音効果が得られます。これによって，周辺の騒々しさが減少すれば，その分の集中力が高まるといえます。また，「空間を遮る」ことで，安心感が増します。恥ずかしがらずにナレーションを録音し，何度も聞き直して改善していけるようになります。

アイデア
2 「防音ブース」の設営

リモートワークで自宅に設置するニーズもあり，この写真のような防音ブースが各種発売されています。諸外国では，心を落ち着けるための「リフレッシュスペース」「集中スペース」などと呼ばれ，各種学校をはじめ，オフィスなどにも設置されている例が多いと聞きます。利用者にとっては，「個別視聴ルーム」にいるような感覚です。

映像の視聴やナレーションの録音以外にも，映像の音声を聞きながらの編集作業，作曲活動・演奏，プレゼンの練習等々，表現・発信を重視した学習活動が数多く実施される際には重宝されることでしょう。

また，個別・少人数のテレビ会議や教員がオンデマンド型教材を作成する場合など，多用途に使えます。

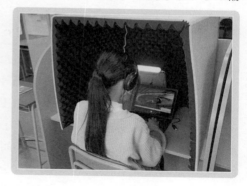

児童生徒と一緒に
考え・つくる教室環境

課題

　多様な学習ニーズや個々に適した学び方の違いなどに対応するため，教室環境の工夫をし，主体的な学習を促してきました。しかしながら，結局は指導者が学習環境の「お膳立て」をして，指示を出し，児童生徒がそれに対してなんとなく好みの場所や方法を「選択」しているようにも思います。もっと，児童生徒の発想を重視した学習環境を構築できないでしょうか。

リノベーション

　児童生徒が，自ら考えた教室レイアウト・学習環境を構築し，それに合わせて機器等もうまく配置させるような経験を積ませましょう。そのためには，使える備品・教具等を集め，安全に保管しておく場所やフリースペース・空き教室の確保が必要です。

学習環境を自ら考え・整えられるようになること自体が学びの１つ

　例えば，協議・検討するために適した環境，制作物を作るための環境，学習の成果を発表するために適した環境等を考え，自分たちで行動し，実現できるようになれば，それ自体が学びの１つであり，主体性の向上として捉えることができるようになるはずです。「個別最適な学び」における"学習の個性化"にもつながる取り組みとなる可能性もあります。ここでは，児童生徒自身で学習環境を構築している事例を取り上げます。

1 使える備品・教具等を整理し管理できるエリアを設定

まずは，校内で使える備品・教具・什器類を集め，児童生徒が自由にレイアウトできるエリアを確保します。ホワイトボードやパーティションなども校内の倉庫で眠っている可能性もあります。なお，簡易でもいいのでシートや絨毯を貼ったフロアがあれば，床に座りこんで学習できるため，椅子・ベンチ類を移動しなくてもいいので便利です。

2 プロジェクター・実物投影機・スクリーン等の活用

電子黒板や大型ディスプレイの導入により，従来使用していたプロジェクターや小型のディスプレイ，または実物投影機などもあまり使われなくなっているようです。一度，校内のこうした備品を集め，使えるものを集中管理できるようにしてみましょう。古いプロジェクターでも，写真のように，壁にスクリーン（模造紙でも可）を貼って近場から投影すれば，明るく見やすく映せます。これらの管理や設営・投影手順なども児童生徒が自らできるように指導すれば，それ自体がICT機器の操作スキルアップにもつながります。

学習環境構成について学ぶ教員養成・研修

GIGA スクール構想に対応した教員養成・研修の必要性

これまで，実物投影機や電子黒板，各種デジタル教材（NHK for School 等も含む）や指導者用デジタル教科書の活用は，従来の一斉指導を崩すことなく，教師主導のもとで進められてきました。

しかしながら，タブレット１人１台端末環境の授業では，児童生徒が操作することとなり，事前の操作技能の指導・使用ルールの徹底からはじまり，各種機器トラブルへの対応等で配慮すべき事項が格段に増えました。また，児童生徒に与えた各学習課題の進行状況・達成速度の把握がしづらく，授業中の時間配分も難しいといえます。

とはいえ，GIGA スクール構想下の授業は普及・浸透しつつあり，学習者用デジタル教科書やデジタルポートフォリオ，各種デジタルノートや教育クラウド等の活用が日常化してきた学校も多数みられます。

そんな中，教員養成の段階（教育実習中を含む）でタブレット１人１台端末環境での授業の指導力・実践力をつけることは大きな課題となっています。これまでの教育実習生には「まずは，"通常"の教科書・ノート・黒板を利用した授業をおこなえるようになることが先決」とされていたのですが，１人１台端末環境の授業が"通常"となった今，タブレットを使うことがスタンダードともいえるような学校もあります。児童生徒はタブレットを使用しての授業の振り返りコメントの入力やデジタル教科書の活用が当然と考えているため，実習生・初任教員を理由に，「タブレットは使わない」というわけにはいきません。実際に，実習生や卒業した学生からは，「私よりも児童生徒のほうが格段にタブレットを使いこなせている」といったことも聞かれます。

現在の学生・初任の教員らは，自分が受けてこなかった GIGA スクール構

想に対応した授業への不安要因が大きく，それが教職離れにつながる場合もあります。ICT 活用指導力を身につけることは，教育現場に出るための自信や安心感のためにも必要事項であると考えられるのです。

GIGA スクール構想に対応した模擬教室の整備

GIGA スクール構想の導入に伴って，教室内に無線 LAN，電子黒板（もしくは大型ディスプレイ）やタブレット保管庫，ワイヤレス画面転送装置等が標準装備になりました。GIGA スクール構想に対応した授業力を高めるためには，大学内にもこれらの設備環境が必要です。学生は通常，個人所有のノート PC を使用していますが，GIGA スクール構想では，Chromebook や iPad 等のタブレット端末も導入されています。この場合，操作方法がかなり異なるため，実習校の機種に合わせて，3 種類の OS が使える環境が理想的です。なお，学校現場特有のデジタルノート系アプリ，授業支援システムやグループウェアなどの活用ができるよう整備する必要もあります。

▲大学内模擬教室でのタブレット端末活用の様子

「学生の自主的な演習の場」としての活用

現在の教職課程では，必修科目（2022年度入学生から）として「情報通信技術を活用した教育の理論と方法」が設けられており，ICT を活用した効果的な指導方法，児童生徒の情報活用能力（情報モラル・プログラミング等を

含む）を育成するための授業等について，実践的に学ぶよう定められています。

　下記の写真は，教師役と数人の児童役で，ICT を活用した模擬授業を実践している場面です。最初は，機器の操作で手一杯だったのが，何度か練習すれば，板書や発問と ICT 活用場面とをうまく連動していけるようになります。また，学習効果についての理論も併用して学ぶことで，「映像を見せる時間が長く，情報過多で，生徒を視聴者にさせているだけではないか」，「そこはきちんと板書してはどうか」といった議論もおこなわれるようになってきます。ICT ありきではなく，冷静でストイックな判断もできるようになることで，教科の目標達成のための効果的な方法について考えられるのではないでしょうか。これは，教員養成段階であっても，実際の教育現場での研修においても同様ではないかと考えられます。

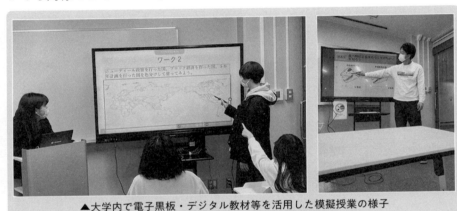

▲大学内で電子黒板・デジタル教材等を活用した模擬授業の様子

プログラミングキット・各種デジタル教材等の活用

　GIGA スクール構想以後，学生からは教育実習前や教育現場に出る直前（4 年次の必修「教職実践演習」等）に，「教育現場と同じ ICT 活用環境を使ってみたい」という要望が出されるようになりました。教育実習中に「学習者用デジタル教科書」やデジタルノートを活用してみたいが，どのような機能が

あるのか事前に操作を習得しておきたいといった学生らも多くいます。また，ボランティア先の学校からプログラミング教育の授業支援をおこなってもらえないかといった要望を受けた学生が相談に来ることも度々ありました。

　そこで，和歌山大学では，こういった学生のニーズに対応できるよう，下の写真のような「ICT・プログラミング教育支援室」を設置しました。学校教育現場で使われる各種プログラミングキット，タブレット端末及びAR・VR対応の教材・教具，各種教育アプリ等が試用できる他，それらの貸し出しにも対応しています。

　教材研究や準備に時間を掛けることができる実習生にこそ，プログラミングキットを用いた授業や電子黒板等でデジタル教科書の豊富な機能をふんだんにつかう授業を計画させてみてはどうかと思います。

　現在，中学校・高等学校のコンピュータ教室を改装し，STEAM教育への対応やいわゆるファブスペース（デジタルに対応したものづくり・デザイン等のできる工房）的な役割を持たせた空間への移行が求められています。教員養成系の大学が，率先してSTEAM教育・ファブスペースのモデルや活用場面を示し，若手教員が教育現場に出て新しいビジョンや影響力を持って学習環境を変えていけるような提案ができることを期待しています。

▲ STEAM教育・ファブのためのモデルルームとして

（和歌山大学　豊田充崇）

あとがき

　「ありのままの君を受け入れる新たな形」を具現化した不登校特例校の岐阜市立草潤中学校（https://gifu-city.schoolcms.net/soujun-j/）では，自宅からのオンライン参加も含め，「取り組みたい学びを好きな場所で」を原則としているようです。企業でも自分の固定席がないフリーアドレスの導入が広がり，業務内容によってワークスペース，会議室等を，あるいは在宅勤務を選択して働くことが可能になっていることを耳にします。ある企業では，リスキリングのための個別ブースが，自分のデスクがある部屋の中に設けられていて，勤務時間内にそこで学ぶ時間が保障されているのだそうです。

　未来を生きる子どもたちが，将来の変化を予測することが困難な時代の中で働き，学びつづけるための環境はますます変化していくでしょう。この状況下において，学校，教室が変わらない，もっというと教育が変わらないということはあり得ません。

　内閣府の資料（Society 5.0の実現に向けた教育・人材育成に関する政策パッケージ，https://www8.cao.go.jp/cstp/tyousakai/kyouikujinzai/saishu_1.pdf）によると，教室の子ども達の多様化は，想像以上に進んでいるようです。この状況に対応するために，これまで同じことを前提としていた目標，課題，時間，教材等に加え，学習環境の個別最適化も実現しなければならないのです。

　しかしながら，新たな学習環境の改変・構築には，費用・時間・労力という壁を乗り越えなければいけません。さらに，学校全体で共通理解を図る必要もあります。Chapter 3には，費用・時間・労力を極力かけずに，必要性・必然性から生まれてきた教育現場の工夫，Tips的なアイデアが詰まった事例，そして実際に主体的な学習に活用されている事例を集めています。通常，「リノベーション」という言葉は，ライフスタイルに合わせて住環境の機能を刷新して，新しい価値を生み出す改修といった定義がなされています。既存の教室・学校環境では，これから目指す「令和の日本型学校教育」の学びのスタイルに合わないのは確かです。これらの学習環境を工夫している学校は，理想とする学習活動のビジョンを持ち，それを実現するための学

習空間を構築しています。

　これらの学校に共通するのは，子ども達を信頼していることと，学び方を学ぶ機会を随所に設定していることです。子ども達の主体性を懐疑的に捉えていては，解放的な授業は実現できません。「まだ自分で学べるまでに成長が足りない」という発想で，学び方の指導にも配慮し，自分で学べたことを褒める機会を設けています。学習空間をつくるだけではなくて，自分で考え判断して主体的に学べたという達成感や独学で学ぶことができたという学習の成功体験を積ませているのです。知識を増やすだけではなくて，学び方を学ぶこと，自分に合った学習スタイルを見つけることも学びの一環であり学習の基盤だという発想が必要とされているといえます。

　つまり，指導者の従来の授業観が転換されなければ，本書で提唱したような学習環境が必要とされてこないといえるのです。「従来型の授業への ICT の融合」を果たしている学校は多いのですが，いわゆる教育 DX（デジタルトランスフォーメーション）＝デジタル技術による教育活動の変革にまで至る事例はまだこれからだといえます。

　Chapter 2 では，お忙しい中，先進的な事例をわかりやすく紹介していただきました。Chapter 3 では，多くの現実的なリノベーションのアイデアを提供していただきました。ご協力いただいた皆様に心より感謝いたします。

　最後に，本書を企画していただいた明治図書出版株式会社　教育書部門編集部の大江文武氏に心より感謝いたします。2022年10月に，編集，執筆の依頼があった時には，脳梗塞の手術後在宅勤務を続けている野中にできるかどうか心配でしたが，様々な要望を聞き入れてくださり，同じく病で倒れた直後だった豊田と一緒に執筆することができ，なんとかあとがきの文章を書くところまで辿り着くことができました。

　本書における学習環境のリノベーションといったアプローチが，単に教室の見た目を変えることにとどまらず，授業観の変革を促し，子ども達の新たな学びの創出につながることを心から願っています。

野中陽一・豊田充崇

【執筆者一覧】（執筆順）

野中　陽一　　　横浜国立大学大学院教育学研究科　教授
[まえがき／Chapter 1／Chapter 2-06／あとがき]

胡　　啓慧　　　浙江師範大学教育学院
[Column　中国の教室]

宅明　健太　　　学校法人森村学園　森村学園幼稚園　副園長／元学校法人
　　　　　　　　茂来学園大日向小学校　教頭
[Chapter 2-01]

三宅貴久子　　　LCA Group 学校法人 SOLAN 学園　瀬戸 SOLAN 小学校
　　　　　　　　副校長
[Chapter 2-02]

山田　航大　　　立命館小学校　教諭
[Chapter 2-03]

安居　長敏　　　ドルトン東京学園中等部・高等部　校長
[Chapter 2-04]

北濱　潤一　　　広島県立広島叡智学園中学校・高等学校　事務部長
[Chapter 2-05]

金子　嘉宏　　　東京学芸大学教育インキュベーションセンター　教授
[Chapter 2-07]

鈴木　丈生　　　コクヨ株式会社　ワークプレイス事業本部　TCM 本部
高橋　麻子　　　コクヨ株式会社　ワークプレイス事業本部　TCM 本部
齋田　清隆　　　コクヨ株式会社　ワークプレイス事業本部　TCM 本部
[Chapter 2-08]

豊田　充崇　　　和歌山大学教職大学院　教授
[Chapter 3／Column　学習環境構成について学ぶ教員養成・研修／あとがき]

【編著者紹介】

野中　陽一（のなか　よういち）

横浜市立小学校教諭，和歌山大学助教授等を経て，横浜国立大学大学院教育学研究科教授。文部科学省「学校施設の在り方に関する調査研究協力者会議」委員，「新しい時代の学校施設検討部会」委員，CO-SHA アドバイザー等を歴任。専門は教育工学。教室の ICT 環境，教育の情報化の普及プロセス，国際比較（英国，中国）等の研究に携わる。

豊田　充崇（とよだ　みちたか）

元中学校教諭。和歌山大学講師・准教授を経て，現在は，和歌山大学教職大学院教授（ICT・プログラミング教育支援室長・次世代教育推進室長を兼任）。和歌山県教育 DX アドバイザー，和歌山市教育委員会客員指導主事等を務め常に教育現場に足を運んでいる。専門分野は，情報教育（情報活用能力・情報モラル・依存症対応・プログラミング教育等を含む）。

個別最適をつくる教室環境

多様な学びを創り出す「空間」リノベーション

2023年9月初版第1刷刊　　　©編著者　野　中　陽　一
　　　　　　　　　　　　　　　　　　　豊　田　充　崇
　　　　　　　　　　　発行者　藤　原　光　政
　　　　　　　　　　　発行所　明治図書出版株式会社
　　　　　　　　　　　　　　　http://www.meijitosho.co.jp
　　　　　（企画）大江文武（校正）大江文武・養田もえ
　　　　　　〒114-0023　　東京都北区滝野川7-46-1
　　　　　　振替00160-5-151318　電話03(5907)6702
　　　　　　　　　　ご注文窓口　電話03(5907)6668
＊検印省略　　　　　　組版所　広研印刷株式会社

Printed in Japan　　　　　　　ISBN978-4-18-247729-4
もれなくクーポンがもらえる！読者アンケートはこちらから